W0057806

BASTEI
LÜBBE
TASCHENBUCH

Über die Autorin:

Bianca Wagner war als Kartenlegerin und »Top-Beraterin« fünf Jahre lang auf großen deutschen Internetportalen für esoterische Lebensberatung tätig. Zu ihren Kunden gehörten unter anderem neurotische Psychiater, Endzeitjünger, Prominente aus Funk und Fernsehen und selbst ernannte Hellseher.

Bianca Wagner

ICH GEH JETZT IN DEIN KARMA REIN

Die wunderbare Welt der Astro-Hotlines

BASTEI
LÜBBE
TASCHENBUCH

BASTEI LÜBBE TASCHENBUCH
Band 60735

1. Auflage: März 2013

Die Schilderungen in diesem Buch beruhen auf wahren Begebenheiten.
Zum Schutz der Rechte der Personen und Institutionen wurden
Namen, Orte und Details geändert.

Dieser Titel ist auch als E-Book erschienen

Originalausgabe

Copyright © 2013 by Bianca Wagner
Copyright Deutsche Originalausgabe © 2013
by Bastei Lübbe GmbH & Co. KG, Köln
Dieses Werk wurde vermittelt
durch die Michael Meller Literary Agency GmbH, München.
Textredaktion: Viola Krauß, Köln
Umschlaggestaltung: Sandra Taufer, München unter Verwendung
von Motiven von © graph/shutterstock; Joachim Wendler/shutterstock;
USBFCO/shutterstock
Satz: hanseatenSatz-bremen, Bremen
Gesetzt aus der Stempel Garamond
Druck und Verarbeitung: CPI – Ebner & Spiegel, Ulm
Printed in Germany
ISBN 978-3-404-60735-8

Sie finden uns im Internet unter
www.luebbe.de
Bitte beachten Sie auch: www.lesejury.de

Der Preis dieses Bandes versteht sich einschließlich
der gesetzlichen Mehrwertsteuer.

»Und sie laufen! Naß und nässer
Wird's im Saal und auf den Stufen.
Welch entsetzliches Gewässer!
Herr und Meister! hör' mich rufen! –
Ach da kommt der Meister!
Herr, die Noth ist groß!
Die ich rief, die Geister,
Werd' ich nun nicht los.«
(»Der Zauberlehrling« von Johann Wolfgang von Goethe*)*

INHALT

PROLOG

Frohe Weihnachten!

Draußen war es dunkel und kalt.

Es war der 24. Dezember.

Heiligabend.

Gegen 23 Uhr kam ich nach Hause. Natürlich hatte ich mit meiner Familie gefeiert und mir den Bauch eindeutig zu voll geschlagen. Es zwickte, als ich mich auf einen Stuhl fallen ließ und meinen Computer anschaltete. Das elektronische Startsignal erklang. Ich blinzelte, die Helligkeit des Bildschirms blendete mich. Ich gab das Passwort ein, um meine E-Mails abzurufen.

Und da warteten sie schon.

17 angeforderte Rückrufe in Abwesenheit.

Das waren meine Kunden, denen es genau vor diesem Fest gegraut hatte. Und dieses Fest erstreckte sich auch noch über drei lange Tage, dicht gefolgt von Silvester. Während dieser Zeit hatten Kartenleger und Konsorten Hochkonjunktur. Ich hätte die kommenden Tage ohne Pause durcharbeiten können. Meine Stammkunden waren wild entschlossen, jeder Wirtschaftskrise zum Trotz, sich für zwei Euro fünfzig in der Minute in die Sterne schauen zu lassen.

Im Oktober hatten mir die ersten Anrufer davon erzählt, wie schwer ihnen Weihnachten und Silvester jetzt schon im Magen lagen. Für mich waren die Feiertage damals noch meilenweit entfernt gewesen. Doch meine Kunden hatten sich bereits fest vorgenommen, dass es dieses Jahr an Weihnachten besonders schrecklich für sie werden würde, und diese Erwartungshaltung wollten sie sich unter keinen Umständen von mir ausreden lassen.

Ich klickte auf eine Nachricht.

Liebe Bianca, ich wünsche dir und deiner Familie frohe Weihnachten und alles Gute und Liebe. Ich möchte dich eigentlich gar nicht an Weihnachten behelligen, aber es wäre schön, wenn du ein paar Minuten Zeit für mich erübrigen könntest. Mein Limit bei der Line ist allerdings aufgebraucht für diesen Monat, weil ich dich doch erst letzte Woche angerufen habe. Ich könnte also nur anonym über die 0900er-Nummer anrufen. Falls du Zeit hast, dann schalte dich doch bitte dort frei. Ich gucke alle zehn Minuten, ob du da bist.

Drücke dich ganz lieb!

Rosi

Rosi war eine Stammkundin von mir. Eine ältere Dame, die sich unsere Telefonate von ihrer überschaubaren Witwenrente abknapste. Sie war stets gut gelaunt, wenn sie mich anrief, und erzählte mir Geschichten von früher. Rosi genoss unsere Gespräche, und nicht selten trank sie dabei ein Glas trockenen Weißwein. Während unserer

Telefonate schaute Rosi immer mit einem Auge auf die Uhr, und wir beendeten unsere Unterhaltungen jedes Mal nach exakt zehn Minuten.

»Wird sonst zu teuer«, sagte sie stets. Und das zu Recht.

Ich mochte Rosi und konnte ihr ihren Wunsch an Heiligabend unmöglich abschlagen.

Ich holte mir ein Glas Wasser aus der Küche, tippte meine Beraterdaten ein und schaltete mich online. Wenig später klingelte mein Telefon. Ein anonymer Anrufer. Erst dachte ich, das wird wohl Rosi sein. Doch auf einmal überkam mich eine ungewöhnliche innere Anspannung. Mein Finger lag unschlüssig auf dem Knopf mit dem grünen Hörer, den ich schon Tausende Male gedrückt hatte. Was ein Quatsch, beruhigte ich mich, ist doch nur Rosi. Ich schüttelte den Kopf, tippte auf die Taste und nahm das Gespräch entgegen.

Ich: »Einen schönen Heiligabend, hier ist die Bianca. Was kann ich für dich tun?«

Anruferin: »Ja ... hier ist die Sigrid. Wir haben noch nicht gesprochen.« (Schweigen)

Sigrids gleichgültige Stimme war wie ein Tritt in meinen gut gefüllten Magen. Prost Mahlzeit! Ich kannte solche Anrufe zur Genüge und stellte mich auf ein schwieriges Gespräch ein. Als alter Berater-Hase ließ ich mir jedoch nichts anmerken.

Ich: »Hallo Sigrid. Ich freue mich, mit dir zu sprechen. Wie geht es dir?«

Anruferin: »Schlecht.« (Schweigen)

Ich hatte das Gefühl, ihr versteinertes Gesicht durch das Telefon sehen zu können.

Ich: »Was ist passiert? Wie kann ich dir helfen?«

Meine Stimme war betont ruhig, und ich gab mir Mühe, besonders empathisch zu sein.

Anruferin: »Ich möchte gerne wissen, wie es mit meinem Freund weitergeht.«

Die Kundin überging meine erste Frage und stellte eine Gegenfrage, ein eindeutiger Anhaltspunkt für mich, dass ich es hier mit einer routinierten Astro-Line-Ratsuchenden zu tun hatte. Die anderen Kunden wären auf meine erste Frage eingegangen.

Ich: »Gut. Ich mische nun die Karten, und du konzentrierst dich bitte ganz stark auf deinen Freund und gibst mir dann aus dem Bauch heraus ein Stopp.«

Anruferin (nach 1 Sekunde): »Stopp.«

Ich hatte die Karten kaum gemischt. Sigrid klang ungeduldig. Sie schien bereits zu oft bei anderen Kartenlegern »Stopp« gesagt zu haben. Vielleicht sogar schon mehrmals an diesem Abend.

Ich: »Danke. Ich lege aus. Einen Moment bitte.«

Ungeduldiges Schnaufen erklang am anderen Ende der Leitung. Auch ich atmete leise tief ein und aus, um mich durch ihre Stimmung nicht aus dem Konzept bringen zu lassen. Möge der Gott der Kartenleger mit mir gnädig sein, flehte ich innerlich. Als das Kartenbild lag, wunderte ich mich.

Ich: »So, die Karten liegen. Ich kann aber leider keinen Freund bei dir sehen.«
Anruferin: »Er hat ja auch Schluss gemacht. Im Januar.« (Schweigen)

Das war vor fast einem Jahr. Klar, dass Sigrid routiniert wirkte. Wahrscheinlich hatte sie seit letztem Januar die Astro-Lines rauf und runter telefoniert, um zu hören, dass ihr Ex schon wiederkommen würde, wenn sie nur lange genug wartete. Doch die Karten erzählten mir leider eine andere Geschichte.

Ich: »Ich weiß, dass heute Heiligabend ist und du dir bestimmt wünschst, dass er noch heute vor deiner Türe steht. Aber darf ich dich mal etwas fragen?«
Anruferin: »Ja.«
Ich: »Ich sehe bei ihm eine andere Frau und gleich daneben ein Kind …«
Anruferin: »Diese alte Schlampe soll sich gefälligst vor einen Zug werfen und mir meinen Freund wiedergeben!«

Sigrid spuckte mir die Worte förmlich entgegen. Ich ärgerte mich über mich selbst. Hätte ich bloß auf mein Bauchgefühl gehört und einfach keine Zeit gehabt. Mit

Rosi hätte ich schließlich auch am darauffolgenden Tag sprechen können. Spätestens ab dem Moment wusste ich, dass ich aus dieser Nummer nicht mehr heil herauskommen würde. Ich hieß nicht Potter mit Nachnamen und flog auch nicht auf einem »Nimbus 2001«-Rennbesen durch die Lüfte. Die Augen Richtung Himmel gerollt beschloss ich, nicht auf ihre wüsten Verwünschungen einzugehen, sondern mich auf die Tatsachen zu konzentrieren.

Ich: »Hat diese Frau denn ein Kind?«
Anruferin: »Nein, noch nicht. Aber sie ist schwanger. Von ihm!«
Ich: »Oh.«

Was konnte ich dazu nur sagen?
Die Frage erübrigte sich, denn Sigrid war in Fahrt.

Anruferin: »Dabei sollte ich diejenige sein, die von ihm ein Kind kriegt und die er heiratet. Das hat mir jeder Kartenleger so vorhergesagt. Und nun das! Was sollen denn die Leute von mir denken? Und was soll ich denn jetzt machen?«
Ich: »Wollen die beiden denn heiraten?«
Anruferin: »Im Januar. Und alle wissen es. Die Leute reden doch schon hinter meinem Rücken. Er wollte eigentlich ja mich heiraten und hat das überall erzählt. Aber dann hat er dieses Flittchen getroffen und sich ein Kind unterschieben lassen. Das ganze Dorf lacht jetzt über mich. Und ich stehe da wie der Ochs vorm Berg!«

Sigrid redete sich weiter in Rage, oder besser, sie schrie sich in Rage, sodass ich den Telefonhörer im Sicherheitsabstand von meinem Ohr weghalten musste. Derweil überlegte ich angestrengt, wie ich Sigrid beruhigen konnte. Wiederkommen würde ihr Ex bestimmt nicht mehr. Soviel war sicher – auch ohne Orakelkarten.

Ich: »Das tut mir leid. Das ist wirklich eine äußerst unangenehme Situation.«

Ich musste das Ruder herumreißen. Irgendwie. Es war Heiligabend! Doch was konnte ich ihr anbieten? Eine neue Liebe vielleicht? Gute Idee! Ich schaute wieder auf das Kartenbild.

Ich: »Aber weißt du was? Ich habe eine gute Nachricht für dich. Ich sehe nämlich eine neue Liebe.«

Anruferin: »Ich will keine neue Liebe! Er hat gefälligst zu mir zurückzukommen. Da brauchst du mir hier nichts von einer neuen Liebe zu erzählen!«

Sigrid war außer sich, völlig hysterisch.

Ich: »Aber …«

Anruferin: »Deine neue Liebe kannst du dir sonst wo hinstecken! Ich will das, was mir zusteht. Nämlich, dass er sein Versprechen hält und mich gefälligst heiratet. Alle meine Freundinnen sind verheiratet und haben Kinder, nur ich nicht! Wo ist denn da die Gerechtigkeit? So viel Geld habe ich schon für Kartenleger und Partnerrückführungen ausgegeben. Und er ist immer noch nicht da.«

Was sollte ich darauf erwidern? Sie klagte mich gerade stellvertretend für meine Kollegen und ihre persönliche Misere an.

Ich: »Sigrid, ich mache mir große Sorgen um dich. Ich möchte nicht, dass es dir nach unserem Gespräch schlecht geht. Hast du jemanden, an den du dich wenden kannst?«
Anruferin: »Ich habe niemanden.«
Ich: »Was ist mit deinen Eltern?«
Anruferin: »Ich bin im Heim aufgewachsen.«

Oje. Mitten ins Fettnäpfchen.

Ich: »Und die Freundinnen, von denen du vorhin erzählt hast?«
Anruferin: »Was soll ich denen denn erzählen? Die denken doch, dass ich nichts mehr von ihm will.«
Ich: »Verstehe.«
Anruferin: »Mach, dass die andere verschwindet! Verhexe sie von mir aus.«

Das war der »Point of no return«. Ich spürte starkes Herzpochen in meinem Hals. Die Situation überforderte mich. Mir war klar, dass weder ein gut gemeintes »Abrakadabra und drei Mal schwarzer Kater« noch ein beherztes »Hex, hex!« die Situation hätte verändern können. Sigrid schien das völlig anders zu sehen. Mit dem Telefonhörer am Ohr saß ich vor dem Computer und überlegte. Was konnte ich tun oder sagen, damit die Kundin sich beruhigte?

Ich: »Sigrid, ich kann niemanden verhexen …«

Anruferin: »Aber du wurdest mir ausdrücklich empfohlen!«

Ich: »Wer hat mich für was genau empfohlen?«

Anruferin: »Die Kundenbetreuung hat gesagt, dass du genau die richtige Beraterin für mein Problem bist. Und jetzt das! Du weigerst dich! Du willst mir einfach nicht helfen! Wie alle anderen Kartenleger auch!«

Sigrids Stimme hatte mittlerweile den Klang eines trotzigen Kleinkindes.

Anruferin: »Ich weiß ganz genau, dass es mit schwarzer Magie geht.«

Ich: »Aber Sigrid …«

Weiter kam ich nicht.

In der Leitung tutete es. Sigrid hatte aufgelegt.

Gespräche dieser Art häuften sich in letzter Zeit. Ich fragte mich des Öfteren, ob es das eigentlich noch war, was ich mir ursprünglich von meiner Beratertätigkeit auf einer Astro-Hotline versprochen hatte?

1. KAPITEL

Der Anfang vom Ende oder:
Von allen bösen Geistern verlassen

»Lass uns doch mal wieder am Samstagabend treffen. So wie früher. Das haben wir schon ewig nicht mehr getan«, schlug meine Freundin Anke vor. Sie meinte damit einen Mädelsabend mit Pizza essen, bis einem schlecht wurde, wahlweise untermalt von *Wetten dass ...?* oder *DSDS*, und sich dabei über »die drei großen Ms« unterhalten: Mode, Musik und (natürlich) Männer. Ankes Idee klang gut, und ich hatte große Lust auf so einen Abend. Ich konnte mich an unseren letzten gemeinsamen Schnack gar nicht mehr erinnern. Zu viel war in letzter Zeit passiert. Erst die Trennung von meinem langjährigen Lebensgefährten, der spontan eine »neue berufliche Herausforderung« in New York annahm, daraufhin der Umzug in eine kleine Single-Wohnung und schließlich ein Karrieresprung in meinem Bürojob, der meine Energie ebenfalls ziemlich beanspruchte, sodass ich abends meistens froh war, wenn ich alleine auf der Couch herumsitzen konnte. Selbst mein heiß geliebtes Handballtraining, wodurch ich Anke damals kennengelernt hatte, hatte ich auf Eis gelegt und damit auch unsere regelmäßigen Treffen. Umso mehr freute ich mich über Ankes Einladung und besorgte viel zu viele Leckereien, die ich am Abend mitnehmen wollte.

Als meine Freundin die Tür öffnete, schlug mir ein beißender Geruch entgegen, der sich sofort wie ein poröser

Film in meiner Kehle festsetzte und für ein unangenehmes Kratzen sorgte.

»Da bist du ja endlich. Komm rein, Conny ist auch schon da.«

»Ich habe keinen Parkplatz gefunden«, krächzte ich und bekam einen Hustenanfall, der das Halskratzen aber leider auch nicht besser machte. »Was riecht bei dir so komisch? Hast du gekokelt?«

Anke lachte auf. »Unsinn! Das ist vermutlich von der Räucherung, die ich heute Mittag gemacht habe.«

»Du hast WAS gemacht?«

»Eine Räucherung«, erwiderte Anke.

Ich stellte mir vor, wie meine leicht verrückte Freundin Anke Fisch oder Fleisch in ihrer Wohnung räucherte. Doch das konnte nicht sein, schließlich war sie Vegetarierin. Ratlos reichte ich ihr eine Tasche mit meinen kulinarischen Mitbringseln und folgte ihr ins Wohnzimmer, wo Conny bereits auf dem Sofa lümmelte und mir überschwänglich um den Hals fiel.

»Was hast du denn geräuchert?«, nahm ich den Gesprächsfaden wieder auf.

Conny musste grinsen. »Anke hat die bösen Geister vertrieben.«

»Was für böse Geister? Ich verstehe nur Bahnhof.«

»Es gibt böse Geister, die sich gerne in Wohnungen einnisten«, erklärte Anke und stellte eine Schale Pralinen auf den Tisch. »Durch Räucherungen werden sie dann wieder vertrieben.« Ah, ja. Was es so alles gab.

»Und woher weißt du, dass dieser … dieser böse Geist da war und es jetzt nicht mehr ist? Hast du ihn etwa gesehen?« Ich malte mir aus, wie der Geist einen Ersti-

20

ckungsanfall bekam und meine Freundin mit dem bestialischen Qualm hinter ihm herrannte, bis er irgendwann die Flucht ergriff.

»Ich spüre so was einfach. Die Schwingungen in der Wohnung sind seit der Räucherung viel positiver.«

»Na dann«, bemerkte ich wenig überzeugt, und wie zur Strafe meiner Zweifel überkam mich gleich der nächste Hustenanfall. Was auch immer Anke ausgeräuchert haben mag, meine Stimme reagierte darauf äußerst empfindlich.

Nachdem wir uns (bei geöffneten Fenstern) die Mägen bis zum Anschlag vollgeschlagen hatten, die Samstagabendshow zu Ende war und wir uns ausgiebig über »die drei Ms« ausgelassen hatten, räumte Anke den Tisch ab.

»So, und jetzt kommen wir zum interessantesten Teil des Abends«, verkündete sie verschwörerisch und öffnete eine Glasvitrine, deren Inhalt mir zuvor nicht aufgefallen war. Ich entdeckte bunte Edelsteine in einer Karaffe mit Wasser, außerdem kleine Kartons voller Karten, ein silbernes Pendel und eine kleine Glaskugel. Anke nahm die Karaffe und ein Kartenspiel heraus. Dann befüllte sie drei Gläser mit dem Spezialwasser.

»Das ist Edelsteinwasser«, erklärte sie, als sie bemerkte, dass ich zögerte. »Es ist besonders gesund.«

Ich roch daran, doch es gab nichts zu riechen. Dann nippte ich vorsichtig an dem durchsichtigen Getränk. Es schmeckte wie gewöhnliches Leitungswasser, stellte ich erleichtert fest. Ich hätte meiner Freundin nur ungern mitgeteilt, dass es mir nicht schmeckte. Anke packte das Kartenspiel aus – jedenfalls dachte ich, es würde sich dabei um ein Kartenspiel handeln. Die Karten waren mit bunten Bildern bedruckt. »Was ist denn das für ein Kartenspiel? So was habe ich noch nie gesehen«, fragte ich.

»Genau genommen ist das ja auch gar kein Spiel. Es ist viel mehr als das.« Anke schaute geheimnisvoll in die Runde. »Mit diesen Karten kann man nämlich in die Zukunft schauen.«

»Echt?«, fragte ich verblüfft. Ich war mir nicht sicher, ob sie mich gerade auf den Arm nahm. »Und das geht wirklich?«

»Oh ja! Und wie das geht. Frag doch mal Conny. Sie hat damit schon ihre eigenen Erfahrungen gemacht.«

»Es ist zwar unglaublich, aber es funktioniert tatsächlich«, bestätigte Conny. »Anke hat mir die Karten gelegt, und dabei hat sie mir Dinge erzählt, die sie nicht wissen konnte. Dinge, worüber ich nie mit ihr gesprochen habe.«

»Und woher kannst du das, Anke?«

»Ich habe mir aus der Buchhandlung nicht nur Wahrsagekarten besorgt, sondern auch das passende Buch, in dem genau beschrieben steht, wie das Kartenlegen funktioniert. Damit habe ich dann alleine geübt. Später habe ich bei Kartenlegern im Fernsehen die Karten mitgelesen, um zu sehen, ob ich das Gleiche daraus erkenne wie sie. Irgendwann habe ich mich getraut, Conny die Zukunft damit vorherzusagen.«

»Und es ist auch tatsächlich genau so eingetroffen«, bestätigte Conny.

»Moment mal. Es gibt Kartenleger im Fernsehen?«, fragte ich verwirrt. Das konnte ich mir überhaupt nicht vorstellen.

»Na klar. Es existiert sogar ein eigener Sender, der den

ganzen Tag nur Sendungen mit Hellsehern und Kartenlegern ausstrahlt.«

»Ach was!« Ich kam aus dem Bauklötzestaunen gar nicht mehr heraus und fühlte mich ein bisschen hinterwäldlerisch. Für meine Freundinnen schienen Mattscheiben-Wahrsager und ihre eigenen Zukunftsschauen-Rituale völlig normal zu sein. Mir war bis zu diesem Zeitpunkt nicht einmal bekannt gewesen, dass sich Anke und Conny für Esoterik interessierten, geschweige denn diese auch praktizierten. Seit wann mochte das so sein? Sie wirkten doch schon sehr vertraut mit all dem Hokuspokus.

»Möchtest du mal eine Sendung mit einem Kartenleger sehen?«, riss mich Anke aus meinen Überlegungen. Sie wartete gar nicht auf meine Antwort, sondern schaltete im gleichen Atemzug den Fernseher ein. Das Fernsehbild flackerte auf.

Vor einem orangefarbenen Hintergrund hockte eine Frau mittleren Alters an einem Tisch. Vor sich hatte sie ihre Wahrsagekarten ausgebreitet und war dabei, einer Anruferin live im TV zu erzählen, dass ihr Mann sie mit ihrer eigenen Schwester betrog. Die Anruferin war fassungslos und zweifelte die Aussage der Kartenlegerin nicht im Geringsten an.

Ich stellte mir vor, wie der Mann der Anruferin und ihre Schwester vielleicht auch den Astro-Sender schauten, live und in Farbe auf frischer Tat ertappt wurden und einen Riesenschreck bekamen. Scheußlich.

»Was soll ich jetzt nur machen?«, klagte die Dame am Telefon verzweifelt.

Doch die Kartenlegerin lächelte nur milde und sagte gut gebrieft: »Tut mir leid, Margot, aber wir sind hier in der schnellen Runde. Kurze Frage, kurze Antwort. Du kannst dich gerne wieder einwählen, und mit ein bisschen Glück sucht dich der Zufallsgenerator vielleicht noch mal aus. Tschüss Margot.«

»Aber …«, wimmerte Margot noch, bevor die Leitung gekappt wurde, es wieder klingelte im Studio und ein neuer Anrufer am Apparat war. Ein Peter wollte wissen, wie es bei ihm beruflich weitergeht. Die Kartenlegerin forderte ihn auf, sich zu konzentrieren, während sie die Karten mischte, und ihr ein »Stopp« zu geben, wenn er so weit war. Mir fiel auf, dass die Frau auf dem Bildschirm völlig normal aussah. Sie trug ihr braun gelocktes schulterlanges Haar offen, war für meinen Geschmack etwas zu stark geschminkt, und um ihren Hals trug sie eine goldene Kette, an der ein leuchtender grüner Stein baumelte. Die typische Wahrsagerin stellte ich mir definitiv anders vor.

Ich erinnerte mich, wie ich als Teenager auf der Kirmes war. Dort stand auch ein blaues Wägelchen von einer Handleserin, die für zwanzig Mark einen Blick in die Zukunft anzubieten hatte. Sie war die klassische mysteriöse Zigeunerin, in weite Gewänder gehüllt und mit extrem vielen Goldketten behangen. Um ihren Kopf hatte sie ein Tuch gebunden, an dem goldene Münzen hingen. DAS entsprach meiner Vorstellung von einer Hellseherin. Aber die Frau, die gerade bei der Esoteriksendung für die Anrufer in die Zukunft blickte, hätte getrost meine Nachbarin sein können. Es umgab sie nichts Geheimnisvolles, was mich veranlassen könnte, bei ihr anzurufen.

Am unteren Bildschirmrand blendete der Sender unablässig ein Banner mit der Rufnummer der Call-in-Show ein. Nur 50 Cent kostete ein Anruf. Auf den ersten Blick ein Schnäppchen. Doch schaute man genauer hin, so wurden die 50 Cent bei jedem Anruf fällig, egal ob der Zufallsgenerator den Anrufer ins Studio durchstellte oder nicht. Ich fragte mich, ob die Zuschauer das wussten oder irrtümlich davon ausgingen, dass sie nur etwas bezahlen müssten, wenn sie live auf Sendung waren. Ich mochte gar nicht daran denken, welch böse Überraschung manchen Astro-Fans mit der nächsten Telefonrechnung ins Haus geflattert kam.

Die Kartenlegerin erklärte nun einer äußerst erfreuten Anruferin, dass sie mit ihrem Herzensmann auf jeden Fall zusammenkommen würde. (Ich fand den Begriff »Herzensmann« sehr komisch, und es poppte gleich das Bild der zwei rotwangigen Wildecker Herzbuben vor meinem geistigen Auge auf.) Definitiv! Da gab es nichts dran zu rütteln. Er wäre nämlich ihr Seelenpartner, und sie seien karmisch miteinander verbunden.

»Gut, was?«, meinte Conny zu mir. Wir hatten die ganze Zeit über kein Wort gesprochen und der Kartenfrau an den Lippen gehangen.

»Mhm … und das stimmt wirklich alles?«, zweifelte ich.

»Natürlich. Die Birgit ist eine Spitzenberaterin und hat nur die besten Bewertungen auf dem Astro-Portal im Internet.«

So, so, im Internet gab es das also auch. Das wurde ja immer besser! Die Neugier hatte mich trotz einiger Zweifel gepackt. »Und wie funktioniert das über das Internet?«

»Ganz einfach«, winkte Anke ab. »Du registrierst dich

bei dem Portal als Kunde, und dann kannst du dir sofort ein Gratisgespräch abholen. Die erste Beratung ist immer umsonst.«

Das wollte ich mir später zu Hause einmal näher ansehen.

Zu guter Letzt legte mir Anke an dem Abend noch die Karten. Ich war ziemlich nervös, denn es war mein erstes Mal. Ich hatte keine Ahnung, was da auf mich zukam. Anke erzählte mir tatsächlich Dinge, die sie nicht wissen konnte. Tatsachen, über die ich nie mit ihr gesprochen hatte. Genau wie bei Conny. Ich war beeindruckt. In dieser Nacht konnte ich lange nicht einschlafen. Mein Hirn raste. Das Kartenlegen hatte mein Interesse geweckt, und ich wollte unbedingt mehr darüber wissen.

In der nächsten Woche kaufte ich mir ein Buch, das sich mit dem Thema beschäftigte, und am Abend blieb mein Fernseher aus. Stattdessen vertiefte ich mich so in die Lektüre, dass es weit nach Mitternacht war, als ich das Buch beiseitelegte.

Die Neugier hatte mich gepackt. Was steckte hinter dem Kartenlegen wirklich? Und wie funktionierte es? Wie um alles in der Welt soll man in die Zukunft schauen können – nicht nur bei sich selbst, sondern sogar bei wildfremden Menschen?

Noch in dieser Nacht fasste ich den Entschluss, das Kartenlegen professionell zu erlernen.

2. KAPITEL

Kartenlegen für Anfänger

Im Internet wurde ich schnell fündig. Dort warben diverse Anbieter für Kartenlegekurse zu den unterschiedlichsten Konditionen. Da es mir besonders die bunten Motive der Lenormand-Orakelkarten angetan hatten, blieben schließlich aber nur noch eine Handvoll Angebote über. Spontan wählte ich die auf einer Seite angegebene Inforufnummer, und nach einer ausführlichen Beratung durch die Kursleiterin entschied ich mich für ein Tagesseminar zu einem erschwinglichen Preis.

Zwei Wochen später war es so weit. An einem Samstagmorgen im Sommer machte ich mich auf in eine Nachbarstadt. Die Sonne knallte schon morgens vom wolkenlosen Himmel, und ehrlich gesagt hätte ich es mir bei diesem Wetter lieber im Garten gemütlich gemacht, als ein Seminar zu besuchen.

Doch gebucht war gebucht.

Meinen Wagen parkte ich am Straßenrand eines beschaulichen Wohnviertels. Ich war 20 Minuten zu früh und fast so nervös wie vor einem Blind Date.

Ich kramte den Zettel mit der Adresse aus meiner Tasche und begab mich langsam zur notierten Hausnummer. Was wohl auf mich zukam? Würde ich heute Abend tatsächlich in der Lage sein Karten zu legen, zweifelte ich so vor mich hin. Und wie wohl die anderen Teilnehmer sein würden? Wahrscheinlich kannten sie sich viel besser mit den Lenormand-Karten aus als ich. (Keine große Kunst, denn ich hatte ja überhaupt keine Ahnung.) Hoffentlich verstand ich überhaupt irgendetwas! Wenigstens war Lydia, die Seminarleiterin, am Telefon sehr nett gewesen. Das beruhigte mich ein wenig.

Ungläubig schaute ich auf meinen Zettel, als ich an besagter Hausnummer ankam. Dann blickte ich mich noch mal nach einem Straßenschild um. Irrtum ausgeschlossen. Nicht dass ich ein modernes Schulungszentrum oder Ähnliches erwartet hätte – aber ein maroder Holzverschlag ...? Neben dem kleinen Fenster an der rechten Seite war ein Glaskasten befestigt, in dem Parteiinformationen aushingen, mit dem Hinweis, dass es sich bei dem Büdchen um die Parteizentrale dieses Stadtteils handelte.

»Ach, da ist ja die erste Teilnehmerin. Guten Morgen!«

Ich schreckte zusammen. Erst jetzt fiel mir auf, dass die Tür auf der linken Seite offen stand. Im Türrahmen lehnte eine kugelrunde Frau in einem wallenden Gewand, die mich freundlich angrinste. Das konnte unmöglich Lydia sein. Eine kleine zierliche Frau mit langen blonden Haaren hatte ich mir vorgestellt. Typ Ursula Karven. Und jetzt so jemand ...

»Guten Morgen«, sagte ich und fühlte mich ertappt. »Ich war mir nicht sicher, ob ich hier richtig bin.«

»Absolut richtig. Ich bin die Lydia, die Kursleiterin.« Sie streckte mir ihre rechte Hand entgegen.

»Hallo, ich bin die Bianca. Wir hatten, glaub ich, telefoniert.«

Lydia nickte und drückte beherzt meine Hand, während eine leichte Brise durch ihre kurzen brauen Locken wehte, die ihr rundes ungeschminktes Gesicht umrahmten. »Komm rein, du hast freie Platzwahl.«

Der kleine Raum der Parteizentrale verströmte den Charme der 1960er-Jahre. Es roch staubig und nach altem Zigarettenrauch. Die Wände und die Decke waren vollständig mit Holz verkleidet. An den Wänden waren Regalbretter befestigt, auf denen Kegelpokale und Bierstiefel dekorativ in Reih und Glied aufgestellt waren. In einer Ecke surrte ein Kühlschrank, der wahrscheinlich schon vor meiner Geburt seinen Dienstantritt gehabt hatte. Irgendetwas sagte mir, dass in dem Büdchen nicht nur politisch diskutiert, sondern regelmäßig auch fröhlich gepichelt wurde. In dem Kühlschrank vermutete ich rund vierzig Bierflaschen sowie eine satte Auswahl hochprozentiger Getränke. Man musste dem Kind eben nur einen Namen geben, und in diesem Fall nannte man es »Parteizentrale«.

In der Mitte des Raums waren vier Tische zusammengeschoben, mit je zwei Stühlen pro Tisch. Ich war die Erste und entschied mich für einen Holzstuhl direkt am Eingang. Die Hitze hatte sich in dem Häuschen jetzt schon angestaut, und durch die geöffnete Tür drang wenigstens ein laues Lüftchen. Der Stuhl wackelte, und das Muster der Plastiktischdecke hatte sich an manchen Stellen vom vielen Abwischen bereits komplett verabschiedet. Auf der Fensterbank entdeckte ich ein kleines Transistorradio, das mit der Musik von James Last das Ambiente perfekt hätte untermalen können.

Lydia lehnte wieder im Türrahmen und lotste die restlichen fünf Teilnehmer ins Büdchen. Wenig später war die Seminargruppe komplett.

Auf meinem Wackelstuhl fühlte ich mich irgendwie in eine Komödie von Hape Kerkeling hineinversetzt. Unter dem Bretterdach schwitzten da fünf Kursteilnehmer, die unterschiedlicher nicht hätten sein können. Unsere Gruppe bestand aus vier Frauen und einem obligatorischen »Quotenmann«.

In der kurzen Vorstellungsrunde erfuhr ich, dass wir alle, bis auf eine Kursteilnehmerin, absolute Lenormand-Anfänger ohne Vorkenntnisse waren. Zu meiner Rechten saßen die Freundinnen Tina und Alex, die gerade ihr Abitur bestanden hatten, sichtlich unausgeschlafen von der letzten Partynacht. Beide waren ganz hervorragend darin, unter dem Tisch blind SMS zu tippen und dabei interessiert zur Kursleitung zu schauen. Links von mir hockte die grell geschminkte Doris, Jahrgang 1943, selbst ernannte Lenormand-Expertin und unübersehbar Dauergast im Solarium. Während ihrer Vorstellung rechtfertigte sie sich gefühlte zwanzig Mal dafür, dass sie sich ein Hobby gesucht hatte, weil ihr Mann schließlich von morgens bis abends beim Angeln war. Außerdem wiederholte sie mehrfach, dass die Karten niemals lügen und sie sich auf die Prognosen stets absolut verlassen konnte.

Neben Doris saß mit hängenden Schultern der Frühruheständler Günter, ein ehemaliger Telekom-Mitarbeiter und Schnauzbartträger, der mich an den damaligen Handballbundestrainer Heiner Brand erinnerte. Er war stolzer Besitzer einer (vermutlich aus Kunstleder bestehenden) Horst-Schlämmer-Herrenhandtasche. Günter redete nur das Nötigste, brummte mal fragend, mal zustimmend, und ließ unter seinen Hemdachseln dunkle Schweißflecken wachsen.

Lydia thronte am Kopfende und strahlte. Sie lachte oft und gern, wobei ihr üppiger Busen unter ihrem Ethno-Gewand auf und ab wippte. Nachdem auch sie sich kurz vorgestellt und uns erzählt hatte, dass sie bereits als kleines Kind von ihrer Oma die Kunst des Kartenlegens erlernen durfte, verteilte sie an uns die Kartendecks. Zunächst ging es an die Theorie und die Bedeutung der einzelnen Lenormand-Karten. Jede der 36 Orakelkarten war nummeriert und von einem anderen Motiv geziert. Eine Karte trug einen Hund, eine andere einen Reiter, dann war da eine mit Schlange, eine mit Sonne und so weiter. Zuerst übten wir das 8er-Legesystem, was auch »Die große Tafel« genannt wird. Um einen Gesamtüberblick für eine fragende Person zu bekommen, legten wir am Anfang jeweils vier Reihen mit acht Karten aus, und die restlichen vier Karten wurden unter die dritte bis sechste Karte der letzten Reihe platziert. Günter und Doris sahen sich mit großen Augen an und atmeten hörbar aus. Offensichtlich hatten Günter und auch Doris, die selbst ernannte Meisterin aller Karten, sich das Kartenlegen wesentlich einfacher vorgestellt. Anhand einer Probelegung führte Lydia uns Schritt für Schritt weiter in die Technik des Kartenlesens ein. Jetzt suchten wir nach der Hauptpersonenkarte, in unserem Fall die Karte Nummer 28, auf der ein Mann abgebildet war. Dann betrachteten wir die Karten der senkrechten Reihe, die für die Gegenwart standen beziehungsweise den Zeitraum eines Monats darstellten.

»Was könnt ihr denn zu dem Mann im Kartenbild sagen? Wie sieht seine aktuelle Gegenwartssituation aus?«, fragte Lydia. Ich schaute auf die Übungslegung. Unter dem Mann lagen das Herz, der Sarg, das Kreuz und der

Turm. Ich konnte nicht wirklich eine Situation daraus erkennen und beschloss abzuwarten, was meine Mitstreiter dazu sagten.

»Das sieht aber gar nicht gut aus«, bemerkte Doris und zog ihre Stirn in Falten.

»Aha? Was erkennst du denn im Kartenbild? Erklärst du es uns?«

»Ich erkenne ganz eindeutig, dass der Mann an einem Herzinfarkt gestorben ist.«

»Woran genau machst du das fest?«

»Ich mache es daran fest, dass unter dem Mann das Herz mit dem Sarg und dem Kreuz liegt. Übersetzt heißt das für mich Herzinfarkt, und der Turm ist eine Blockade, an der das Leben nicht weitergeht.«

»Das ist wirklich eine interessante Interpretation«, nickte Lydia. »Aber Gott sei Dank ist sie nicht richtig. Bei einem Herzinfarkt müsste auf jeden Fall der Baum dabei liegen. Der Baum steht für die Gesundheit, und er liegt hier nicht in der Nähe der Gegenwartslinie, sondern ganz außen. Das Herz und der Sarg symbolisieren eher, dass eine Herzensangelegenheit ihr Ende gefunden hat, ein schicksalhaftes Ende, wie das Kreuz uns anzeigt.«

Ich war fasziniert und erstaunt, wie Lydia zu diesen Aussagen gelangt war und wie es sein konnte, dass Doris etwas komplett anderes aus den Karten gelesen hatte. Vielleicht war Doris mit der Methode doch noch nicht so gut vertraut?

»Und wofür steht der Turm?«, wollte Günter wissen.

»Der Turm steht für ein Amt, ein Gericht, eine behördliche Sache. In diesem Fall steht er für die gerichtliche Scheidung, die natürlich auch als Blockade gesehen werden kann, denn die Beziehung geht hier nicht weiter.«

Lydia fuhr fort mit den Deutungen für die Zukunft sowie den Bedeutungen der Eckkarten und der vier unteren Karten. Ich überlegte währenddessen woher sie wissen konnte, dass der Turm das Symbol für die gerichtliche Scheidung war, wenn er doch auch für eine Blockade stehen konnte. War das ihre persönliche Interpretation? Konnte man das überhaupt so exakt sagen? Ich nahm mir vor, das Lydia später zu fragen.

Erste Seufzer erklangen. Bei Günter und Doris qualmten die Köpfe.

»Ganz schön kompliziert«, bemerkte Doris.

Günter brummte zustimmend.

»Können wir das noch mal wiederholen?«, fragte Doris.

Ich hatte bis dahin alles im Großen und Ganzen verstanden, und auch die beiden Mädels neben mir schienen keine Schwierigkeiten zu haben. Lydia wiederholte die Kurseinheit. Ich bewunderte sie für ihre Engelsgeduld und ihre sachliche Art. Überhaupt war sie ganz anders, als ich mir eine Kartenlegeseminarleitung vorgestellt hatte, bemerkte ich erneut. Mir war keine ältere Frau mit einer Warze auf der Nase und einer schwarzen Katze vorgeschwebt, aber auf jeden Fall jemand mit einer gewissen magischen, spiritistischen Aura. Mit dem Touch einer Yoga-Lehrerin vielleicht, ähnlich wie Ursula Karven eben. Lydias Ausstrahlung hingegen glich einer Mischung aus Sozialarbeiterin und Pastorin, so seriös und vertrauenswürdig wirkte sie. Mir fiel auf, dass Lydia die Einzige war, die bei der Bullenhitze nicht schwitzte, obwohl sie das meiste Körpergewicht von uns allen mit sich herumtrug.

Gegen Mittag und drei Extra-Einheiten über das 8er-Legesystem später machten wir eine Pause und landeten in einer Stehpizzeria. Dort berichtete Doris stolz über ihre Prognosen, die sie ihren Freundinnen mithilfe der Karten vorhergesagt hatte, und dass es dann »auch ohne Ausnahme genau so eingetroffen ist« – ob die Freundinnen es wahrhaben wollten oder nicht. Günter brummte. Außerdem belegte sie den Kurs nur wegen des Zertifikates, schließlich hatte sie schon Angebote von zwei Astro-Lines vorliegen. Lydia nickte ihr anerkennend zu. Ich schmunzelte innerlich und fragte mich, wie häufig sie es wohl mit solchen übermotivierten Kursteilnehmerinnen zu tun hatte.

Nach der Mittagspause wurde es spannend. Lydia erklärte uns die Themenlegung und wie wir die elementaren Bereiche für den Ratsuchenden herausarbeiten konnten. Sollten Themen wie Beziehung, Finanzen, Gesundheit, der Job oder ein Wohnungswechsel eine zentrale Rolle spielen, würden diese Karten entsprechend liegen. Dann durften wir uns eigene Fragen ausdenken und darauf legen. Ich fragte, ob meine Gesundheit stabil bleiben würde. Dazu nahm ich die weibliche Hauptpersonenkarte heraus und legte den Baum als passende Themenkarte für die Gesundheit daneben. Nach dem Mischen platzierte ich fünf Reihen mit je drei Karten untereinander und legte die Abschlusskarte rechts neben das Kartenbild. Ich bekam ein eindeutiges Ja auf meine Frage, was mich einerseits freute, aber gleichzeitig Zweifel in mir aufsteigen ließ, ob ich der Aussage der Karten wirklich vertrauen konnte.

Die zwei Mädels wollten wissen, ob ihr gemeinsamer Urlaub toll werden würde, und erhielten ebenfalls ein Ja.

Günter brummelte unruhig. Ihn interessierte, ob seine Schildkrötenzucht weiterhin erfolgreich sein würde, aber er wusste nicht, welche Karte er als passende Themenkarte auswählen sollte. Eine Orakelkarte mit Schildkrötenmotiv gab es nämlich bei den Lenormand-Karten nicht. Mit Lydias Hilfe kam er letztendlich darauf, dass man ersatzweise das Motiv der Schlange nehmen müsste, da beide der Gruppe der Reptilien angehörten. Hasen waren den Mäusen zuzuordnen, Katzen dem Fuchs, Kühe dem Reiter auf dem Pferd, ein Wolf war identisch mit der Hundekarte, und Pinguine waren mit den Vögeln gleichzusetzen. Günters Prognose fiel ebenfalls positiv aus, durch die Fische-Karte sogar mit dem Hinweis auf einen beträchtlichen finanziellen Zuwachs. Günter gab zufriedene Laute von sich.

Doris kam als letzte Teilnehmerin an die Reihe. Sie zierte sich, angeblich hatte sie keine Fragen, da sie sich bestens auskenne in ihrem Leben.

In der Parteizentrale herrschten mittlerweile Temperaturen wie in einer finnischen Sauna, nur ohne Aufguss. Und mich nervte Doris' Schauspiel.

»Dann frag doch einfach, ob dein Mann in nächster Zeit viele Fische fängt«, schlug ich scherzhalber vor. Ich wunderte mich, Doris nahm meinen Vorschlag tatsächlich an. Wenn ich gewusst hätte, was meine Idee nach sich ziehen würde, ich hätte mir auf die Lippen gebissen und auf ewig geschwiegen.

Doris legte das Themenbild. Als Abschlusskarte deckte sie den Fuchs auf, der sich in Korrespondenz zur mittleren Karte, den Lilien, befand.

Doris blickte ratlos auf ihr Themenbild. »Also, das verstehe ich jetzt nicht. Der Fuchs und die Lilien haben doch nichts mit dem Angeln zu tun. Da müssten doch jetzt Fische liegen.«

Mir schwante nichts Gutes.

Lydia beugte sich über Doris' Legung und zog die Stirn in Falten. Sie sah überhaupt nicht mehr vergnügt aus.

»Hier liegt, dass dein Mann gar nicht angeln geht.«

»Wie, gar nicht angeln geht? Natürlich geht der angeln, zusammen mit Werner. Was soll er denn sonst machen?«

»Tja, also die Kombination mit Fuchs und Lilien ist ein Hinweis auf einen klassischen Betrugsfall. Und unter der mittleren Karte liegen das Buch und die Blumen. Das bedeutet, dass es eine geheime Liebschaft gibt.«

Hoppla!

»Das ist doch Blödsinn«, echauffierte sich Doris. »Das stimmt doch hinten und vorne nicht.«

Ich hielt den Atem an. Das war eine gewagte These. Sollte Doris sich bei einem solch brisanten Thema tatsächlich auf eine zufällige Kartenkombination verlassen? Man hätte hören können, wie sich die Holzwürmer durch die Balken des Parteibüdchens fraßen, so mucksmäuschenstill war es in dem Verschlag. Nur Günter brummelte genüsslich Doris' Mantra vor sich hin: »Die Karten lügen nicht.«

3. KAPITEL

Nachtschicht

Nach dem Seminar blinkten sieben SMS und drei Anrufe in Abwesenheit auf meinem Handy. Meine Freundinnen verlangten Report. Und noch am gleichen Abend standen Viola und Ariane auf der Matte, um sich von mir die Karten legen zu lassen. Viola kam zuerst dran. Für sie legte ich ein großes Kartenbild aus und beantwortete ihre Fragen über mögliche Karrierechancen innerhalb des Unternehmens, für das sie arbeitete, unter Zuhilfenahme meiner Kladde, die alle Teilnehmer am Ende des Kurses als Handbuch erhalten hatten.

Viola interessierte sich besonders für eine bestimmte Kollegin, die sie als Konkurrentin für die begehrte neue Stelle einstufte. Nachdem ich die Bedeutungen einiger Kartenkombinationen nachgeschlagen hatte, konnte ich Viola zum Glück beruhigen, denn diese Kollegin würde innerhalb kürzester Zeit schwanger werden und sich somit selbst aus dem Rennen kegeln. Viola war erleichtert, aber gleichzeitig auch skeptisch. »Ich hoffe, du hast recht.«

»Klar. Wirst schon sehen!«, bekräftigte ich meine Prognose.

Als Nächstes saß mir meine Freundin Ariane gegenüber. Sie vermisste schon seit längerer Zeit einen Ring und wollte wissen, ob das Schmuckstück unwiederbringlich verloren war oder sie es nur verlegt hatte. Ich überflog die Kartenkonstellation. »Neben dem Ring liegt das Schiff und daneben das Buch«, stellte ich fest.

»Aha? Der Ring ist also in einem Buch auf einem Schiff?«, reimte Ariane sich die Aussage zurecht. »Aber ich war in letzter Zeit auf gar keinem Schiff. Dann hat jemand wohl den Ring gefunden und auf ein Schiff mitgenommen«, schlussfolgerte sie.

»Nein, nein«, schüttelte ich den Kopf und blätterte im Handbuch. »Übersetzt heißt das, dass der Ring in deinem Auto ist, du das aber nicht weißt. Das Schiff steht für das Auto und das Buch für das Geheimnis, den geheimen Ort, an dem sich der Ring befindet.«

Arianes Gesichtsausdruck ließ keine Zweifel daran aufkommen, dass sie meine Behauptung milde gesagt albern fand. Und sie wollte es wissen. Mit Viola und mir im Schlepptau ging sie zu ihrem Wagen. Wir schauten in jede Ritze, legten die Fußmatten raus, räumten sämtliche Fächer aus. Nichts. Dann zog Viola die Schutzbezüge von den Sitzen. Auf einmal erklang ein leises Klirren.

»Ich hab ihn!«, rief Viola und hielt verdattert den kleinen goldenen Ring mit dem weißen Stein zwischen Daumen und Zeigefinger.

»Nein! Nicht wirklich, oder?«, entfuhr es Ariane. Viola legte ihr den Ring in die Handfläche. »Das gibt's doch nicht! Wo war er denn?«

»Er steckte unter dem Schutzbezug des Beifahrersitzes.«

»Ach. Da hätte ich ja lange suchen können.«

Ich grinste und war unfassbar stolz.

Meine restlichen Mädels bekamen Termine für die

kommenden Tage. Das war neu für mich. Normalerweise vergab ich keine Termine an Freunde und Bekannte, doch das war erst der Anfang.

Dank der enormen Nachfrage fühlte ich mich bereits kurze Zeit später sicher und schaffte mir einen neuen Terminplaner mit größeren Blättern an. Kurz darauf legte ich nicht nur für Freunde und Bekannte gratis die Karten, sondern auch für deren Freunde, Nachbarn, Mütter, Cousinen, Friseure und so weiter und so fort. Mir machten die Beratungen Spaß, es war auch für mich spannend, fremden Menschen Dinge aus ihrem Leben zu erzählen. Es faszinierte mich, wenn die Ratsuchenden mit offenem Mund vor mir saßen und mich fragten, woher ich all das wusste. Ich sagte jedes Mal nur weise: »So liegt es in den Karten.«

Meine Beratungen sprachen sich herum wie ein Lauffeuer. Bald hielt ich sie sogar an Tischen von Fitness- und Sonnenstudios ab. Meine Feierabende waren bald verschwunden, und auch die Wochenenden wurden bald ausschließliche Kartenveranstaltungen. Die Leute ließen sich nicht ein Mal die Karten legen und das war's – nein, weit gefehlt! Viele übliche Verdächtige saßen regelmäßig und oft mehrmals in der Woche an meinem Esstisch beziehungsweise im Fitnesscenter oder Sonnenstudio. Vor Mitternacht kam ich nur noch selten ins Bett. Nachts musste ich das Telefon ausstöpseln. Meine Kunden schliefen nicht, sondern zogen es vor, die halbe Nacht zu grübeln, irgendwann bei einem Astro-Sender anzurufen und später dann bei mir.

Ich gebe zu, ich war naiv. Als klar wurde, dass man mich nachts nicht mehr per Telefon erreichte, wurde die

Kundschaft kreativ. Eines Nachts schreckte ich hoch, weil es an meiner Haustür Sturm klingelte. Ich rechnete mit Feuer im Treppenhaus, Todesfall in der Familie, Meteoriteneinschlag vor dem Bahnhof und geklautem Auto. Ich blinzelte durch den Spion, doch der Flur war dunkel. Es klingelte weiter. Dann nahm ich den Hörer von der Sprechanlage ab.

»Hallo?«, fragte ich zögerlich.

»Ach, da bist du ja endlich. Hier ist die Elke. Ich bin extra mit dem Nachtbus gekommen, weil ich dich auf deinem Telefon nicht erreicht habe«, meldete sich eine putzmuntere Stimme. Ich brauchte einen Moment, um zu verstehen. Es war nach drei Uhr, und unten stand Elke, die mit dem Nachtbus aus einer anderen Stadt zu mir gefahren war.

»Hallo Bianca? Bist du noch da?«, fragte Elke nervös.

»Äh, ja, ich bin noch da.« Ich rieb mir die Augen. »Es ist ziemlich spät, Elke. Genau genommen ist es mitten in der Nacht.«

»Ja, ich weiß. Ich wollte dich auch gar nicht stören.«

Wie bitte? Wie kann man jemanden, der kein Nachtschattengewächs war, um diese Uhrzeit bitteschön NICHT stören?

»Leider ist es wirklich dringend«, fuhr meine dauerunglücklich verliebte Stammkundin Elke fort.

»Und das kann nicht bis morgen Abend warten?«, fragte ich und hoffte, dass Elke den Verstand wiedererlangte.

»Auf gar keinen Fall. Bis dahin ist es schon zu spät. Deswegen bin ich doch extra mit dem Nachtbus gekommen.«

Der Nachtbus erschien für sie das ausschlaggebende Argument. Bei mir zog eher die Tatsache, dass sie um diese Uhrzeit allein vor meiner Haustür stand. Mein schlechtes Gewissen siegte. »Okay, dann komm mal hoch.« Ich drückte auf den Summer und ließ sie hinein.

Elke blieb und ließ sich von mir die Karten legen, bis ich mich für die Arbeit fertig machen musste. Ich brachte sie sogar noch nach Hause, bevor ich ins Büro fuhr. Vor ihrer Haustür angekommen sagte Elke: »Danke, dass du mir geholfen hast. Ich wusste, dass ich mich auf dich verlassen kann.«

»Nichts zu danken«, entgegnete ich und winkte ihr noch zu, ehe ich wie ein Schlafwandler auf die Hauptstraße abbog. Auf der Arbeit fielen mir ständig die Augen zu, aber ich hielt durch und tröstete mich damit, dass dies eine absolute Ausnahme gewesen ist.

Ja, ich war ein blutiger Anfänger in der Esoterikbranche. Elke war an jenem Tag nämlich nicht untätig gewesen. Statt unser nächtliches Stelldichein für sich zu behalten, telefonierte sie mit Hinz und Kunz und rührte kräftig die Werbetrommel für meine Mondscheinberatung. Es sollte von da an immer häufiger des Nachts an meiner Tür klingeln, und irgendwann wurde ich regelmäßig von ein bis zwei Personen pro Nacht aufgesucht. Darunter auch Miriam, eine meiner besten Freundinnen, mit der ich früher jedes Wochenende die Clubs unsicher gemacht hatte. Mir fiel eines Tages auf, dass sich unsere Freundschaft seit meinem Kartenlegekurs komplett auf meine Sitzungen beschränkte.

Bald musste ich mir auf der Arbeit die sprichwörtlichen Streichhölzer zwischen die Augenlider klemmen.

Ich fühlte mich nur noch wie ein Schatten meiner selbst. Das war doch nicht normal! Kurzentschlossen stellte ich an jenem Abend meine Türklingel ab. Ich hatte endlich kapiert, dass es für mich gar nicht gut war, für die Ratsuchenden ständig greifbar zu sein. In meiner Wohnung fühlte ich mich mehr und mehr beobachtet und kontrolliert. Kunden ohne Termin fingen mich täglich vor der Haustür ab, wenn ich mit dem Auto von der Arbeit kam. Sie hofften auf diese Art doch noch an einen Termin zu kommen.

Mir machte die Kartenlegerei nach wie vor großen Spaß, doch unter diesen Bedingungen konnte und wollte ich nicht weitermachen. Stalker! Überfallkommandos!

Schneller als erwartet bot sich mir eine Möglichkeit.

4. KAPITEL

Das Eso-Mekka

Für das kommende Wochenende war eine Esoterikmesse in der Nähe angekündigt. Anke und Conny fieberten diesem Termin schon lange entgegen und fragten mich, ob ich mitkommen wollte. Klar wollte ich! Mittlerweile fühlte auch ich mich der Esoterik verbunden und war gespannt darauf, was es da wohl alles zu sehen gab. Eine genaue Vorstellung davon hatte ich jedoch keineswegs.

Die Messe fand in einer Stadthalle statt. Obwohl wir relativ früh losgefahren waren, platzte der angrenzende Parkplatz bereits aus allen Nähten, als wir eintrafen. Am Eingang der Halle wartete schon eine Traube von Menschen. Ich las mir auf einem blauen Flyer die Frühjahrs- und Herbsttermine der Esoterikmessen durch und zählte insgesamt zwanzig bundesweite Veranstaltungen. Das überraschte mich, mir fiel spontan keine andere Messe ein, die derart viele Termine in ganz Deutschland hatte.

Das Publikum war bunt gemischt: Mütter mit ihren Töchtern, Frauengruppen, Alternative, Heilpraktiker, Männer mit Rauschebärten und Ledermützen und »Fachbesucher«, sprich praktizierende Kartenleger. In der Stadthalle herrschte eine Atmosphäre wie in der New Yorker U-Bahn während der Rushhour. Es war heiß und stickig, und die Menschenmassen wuselten zwischen den einzelnen Verkaufsständen hin und her, an denen verschiedenste Produkte und Dienstleistungen angeboten wurden. Ich kam aus dem Staunen (mal wieder) nicht heraus. Neben Amuletten, Kartendecks, Büchern, indianischem Schmuck und Gewürzen boten die Verkäufer ihren Kunden wunderbar exotische Produkte an wie Aura-Fotografie, Lichtwesen-Essenzen und magische Öle. Man konnte sogar an Hexen-Vorträgen und Engel-Workshops teilnehmen oder spirituelle Reisen nach Indien buchen.

Natürlich durften auch Berater aus den einschlägigen Astro-Sendungen nicht fehlen, die eine persönliche Zukunftsschau anboten.

»Was ist denn plötzlich mit euch los?«, wollte ich wissen. Anke und Conny waren mit einem Schlag ganz hibbelig und kicherten wie Teenies.

»Da drüben ist unser Lieblingskartenleger aus dem Eso-TV«, raunte Anke mir verschwörerisch zu und zeigte auf einen mittelgroßen, untersetzten Mann mit gerötetem, pausbackigem Babyface. Ihr Flüstern war komplett unnötig, denn der Lautstärkepegel in der Halle war so hoch, dass der gute Mann sie noch nicht einmal mit einem Megaphon verstanden hätte. Meine Freundinnen zogen mich durch die Menschenmenge, bis wir bei dem Kartenlege-Promi angelangt waren, der von Fans umringt wurde und fleißig Autogramme und Visitenkarten verteilte. Ich beäugte ihn unauffällig von der Seite. Mit seinem blond gesträhnten Haar und dem fliederfarbenen Hemd passte er perfekt in die Kategorie »schwuler Friseur«. Diese Einsicht behielt ich für mich. Anke und Conny strahlten und ließen es sich nicht nehmen, ihrem Idol persönlich die Hand zu schütteln. Plötzlich hielt der Typ auch mir die Hand entgegen und stellte sich mit seinem Namen vor.

Auch wenn ich nicht sonderlich darauf erpicht war, nahm ich höflich seine schlaffe, schwitzige Hand und wunderte mich über diesen seltsamen Namen. Und dann fiel mir ein, wo ich ihn schon mal gehört hatte. Ich hatte vor Jahren einen blutrünstigen amerikanischen Spielfilm gesehen, in dem eine Fantasiefigur eben jenen Namen trug. Während ich mich noch fragte, ob ich gerade auf den Arm genommen wurde, drückte mir der Star seine Visitenkarte in die Hand. Der Name schien sein voller Ernst zu sein: Gandogar. Ob ich nicht auch mir einen klangvollen Künstlernamen zulegen sollte? »Buffy, die Orakeltante« vielleicht? Ich wandte mich zur Seite, weil ich grinsen musste. Gott behüte. Ich schaute ein zweites Mal auf die Visitenkarte und entdeckte in der rechten Ecke den Hinweis, dass Gandogar seine Dienste auch über ein einschlägiges Internetportal anbot. Interessant. Meine Freundinnen zerrten mich weiter, und so steckte ich die Karte in meine Hosentasche mit dem festen Vorsatz, mich im Internet darüber schlauzumachen.

5. KAPITEL

Klingeling, hier spricht die Zukunft

Am gleichen Abend tippte ich die Portaladresse in die Computertasten und entdeckte sogleich den Menüpunkt »Berater werden« auf der ersten Astro-Line-Seite. Schnell überflog ich die Voraussetzungen dafür, als Berater für die Astro-Firma freigeschaltet zu werden. Erstaunlicherweise gab es so gut wie keine. Ich musste lediglich die Kopie meines Gewerbescheins und meines Personalausweises einreichen, die Teilnahmebescheinigung vom Kartenlegekurs sowie ein aktuelles Foto. Kein Testgespräch! Keine Überprüfung meiner Person! Nichts! Ob ich überhaupt Karten legen konnte, schien offensichtlich niemanden zu interessieren.

Zwei Tage später war ich im Besitz eines gültigen Gewerbescheins. Ich scannte die angeforderten Unterlagen ein und schickte sie per E-Mail an das Astro-Portal. Dann erstellte ich ein Profil von mir, auf dem ich mich kurz vorstellte und den Kunden Hellsehen anhand von Lenormand-Karten anbot. Neben der telefonischen Beratung konnten sie sich bei mir auch im Chat oder per E-Mail die Zukunft vorhersagen lassen. Als Startpreis wählte ich 99 Cent pro Minute. Das hielt ich für fair für eine Anfängerin. Zumal ich gar nicht sicher war, ob das Kartenlegen per Telefon bei mir überhaupt funktionieren würde.

Und wie es funktionierte! Schon am darauffolgenden

Abend wurde mein Profil auf der Internetseite der Astro-Line veröffentlicht. Als ich mich das allererste Mal in meinen Berater-Account einloggte, hatte ich bereits zwölf Rückrufanfragen von zahlungswilligen Kunden in der Warteschleife. Unglaublich. Und es setzte mich auch unglaublich unter Druck, denn die Ratsuchenden hatten womöglich eine gewisse Erwartungshaltung, wenn sie sich auf die Rückrufliste einer ganz neuen Beraterin setzten. Das war mir nach einem anstrengenden Bürotag eindeutig zu viel. Ich beschloss, am nächsten Tag mit der Arbeit auf dem Portal zu beginnen, denn das war praktischerweise ein Samstag und ich würde ausgeschlafen und deutlich eher in der Lage sein, mich der neuen Herausforderung zu stellen. Ich tippte die Information über meine Erreichbarkeit in das dafür vorgesehene Feld und loggte mich aus.

Samstagfrüh war es dann so weit. Ich wählte mich in mein Beraterkonto ein und schaute auf die Liste der angeforderten Rückrufe, die sich über Nacht mehr als verdoppelt hatten. Eine logische Erklärung dafür erschien mir die Tatsache, dass ich auch für Gratisgespräche zur Verfügung stand, die alle Neukunden und Geburtstagskinder einmalig in Anspruch nehmen konnten.

Ich mischte die Karten und atmete noch einmal tief durch, bevor ich mich auf telefonisch erreichbar für die Kunden schaltete. Würde schon schiefgehen. Irgendwie. Und wenn nicht, was hatte ich großartig zu verlieren?

Nach wenigen Sekunden klingelte mein Telefon, begleitet von einer Frauenstimme, die mir über die Lautsprecher meines Computers lautstark den eingehenden Anruf ankündigte. Vor Schreck verschluckte ich mich an meinem Mineralwasser, das ich mir eingeflößt hatte, um meine Stimme zu ölen. Parallel dazu öffnete sich ein Notizfenster auf dem Bildschirm, das den Namen des Kunden anzeigte, sowie das Datum und die Uhrzeit seines Anrufes und auch, ob es sich dabei um ein Gratisgespräch handelte oder nicht. In das Fenster konnte ich Informationen über den Kunden eintragen, die mir bei jedem neuen Anruf von ihm angezeigt wurden. Wieder einmal sehr naiv von mir, zu glauben, dass der Anrufer stets anonym war und nicht transparent wie eine weiße Chiffonbluse.

Mein Herz klopfte vor Aufregung bis zum Hals, als ich auf meinen Spickzettel mit der Begrüßung schaute und mein erstes Gespräch annahm.

Ich: »Hallo und einen wunderschönen guten Tag. Hier ist die Bianca. Was kann ich für dich tun?«

Ich gab meiner Stimme einen besonders fröhlichen Ton. Der Anrufer sollte bloß nicht auf die Idee kommen, dass ich nervös war. Warum denn auch? Ich sollte ja »nur« in die Zukunft eines völlig fremden Menschen schauen.

Kundin: »Ja, ich hätte gerne mal gewusst, was du so bei mir siehst. Thema Liebe.«

Die Stimme der Kundin hatte einen leicht reservierten Unterton, und eine Vorstellung mit ihrem Namen oder eine Begrüßung ihrerseits hielt sie anscheinend nicht für nötig.

Ich: »Gerne. Einen Moment bitte, ich mische die Karten und lege sie nach einem Stopp von dir aus.«

Das Stopp kam recht zügig. Zu zügig für meinen Geschmack. Danach war es totenstill in der Leitung, während ich das Kartenbild legte. Kein Atmen, keine sonstigen Hintergrundgeräusche.

Ich: »So, die Karten liegen, ich schaue dann nach.«

Die Kundin stöhnte auf und dann klickte es. Die Verbindung war unterbrochen.

Ich: »Hallo? Ich kann dich nicht mehr hören!«

Es antwortete niemand. Die Kundin, oder Ashanti, wie sie sich auf dem Portal nannte, hatte aufgelegt. Ich war perplex. Das musste ich nicht verstehen, oder? Wieso ruft man bei einem Berater an, um kurz vor der Beantwortung der Frage aufzulegen? Zumal es sich nicht einmal um ein Gratisgespräch gehandelt hatte. Doch da erhielt ich schon eine E-Mail. Aha, von Ashanti. Ich öffnete sie sofort. Vielleicht gab es ja technische Probleme …

Bianca,

lass es einfach und beschäftige dich mit Dingen, die du wirklich kannst. Denn Kartenlegen kannst du NICHT!!!!!!

Licht und Liebe,

Ashanti (eine Kollegin, die sich auf die hohe Kunst des Kartenlegens versteht)

Zuerst verstand ich den Inhalt der E-Mail nicht und las sie mir ein zweites Mal durch. Warum um alles in der Welt schrieb eine Kollegin mir solch eine E-Mail? Bei so viel Dreistigkeit blieb mir die Spucke weg, allein der Licht-und-Liebe-Zusatz war an gehässiger Ironie kaum zu überbieten. Das Telefon klingelte schon wieder, und ich unterbrach meinen innerlichen Monolog. Das Pop-up-Fenster kündigte mir Kuschelmaus an. Na, hoffentlich war das nicht die nächste Beraterin, die mir die Leviten lesen wollte. Ich begrüßte die Kundin am Telefon und wartete gespannt darauf, was mich nun erwartete.

Kuschelmaus: »Oh hallo, liebe Bianca, ich grüße dich. Hier ist die Ronja. Ich freue mich so, dass ich durchgekommen bin. Und ich bin total aufgeregt, denn das ist mein erstes Gespräch mit einer Kartenlegerin. Ich habe so viele Fragen an dich. Ich hoffe, es stört dich nicht, dass das ein Gratisgespräch ist, aber ich habe es für meinen ersten Anruf geschenkt bekommen, und bei dir stand ja, dass du auch solche Gespräche entgegennimmst.«

Ronja war vor Aufregung ganz außer Atem und plapperte ohne Punkt und Komma. Ich war erleichtert. Erleichtert darüber, dass Ronja-Kuschelmaus (der Name passte) eine stinknormale Kundin war, die mindestens so aufgeregt war wie ich. Ich telefonierte eine geschlagene Stunde mit ihr und beantwortete ihre Fragen so gut ich konnte, bis das Gespräch von der Astro-Line automatisch gekappt wurde. Für die Beratung bekam ich keinen müden Cent, doch das war mir tausendmal lieber, als mich von frustrierten Beraterkollegen anpöbeln zu lassen.

Doch trotz der folgenden ebenso netten Gespräche blieb ein schaler Beigeschmack. Ashanti hatte in mir den Verdacht aufkommen lassen, dass unter den Beratern alles andere als eitel Sonnenschein angesagt war. Viel eher schien mir das Ganze ein erbitterter Kampf um Kunden und Geldbeutel, der mit Licht und Liebe ungefähr so viel gemeinsam hatte wie ein Bulldozer mit einer Elfe.

6. KAPITEL

Astro-Berater, die geheimnisvollen Wesen

Ich gewöhnte mich schnell an meinen Nebenjob auf der Line. Er war einfach ungemein praktisch. Man konnte zu jeder Tages- und Nachtzeit beraten. Es war egal, ob die Wohnung aufgeräumt war oder das reinste Chaos herrschte. Ob man noch einen Schlafanzug trug und drei Tage lang nicht geduscht hatte. Ich hätte auch splitterfasernackt die Karten legen können, denn ich beriet ja nur am Telefon.

Ich gewöhnte mich auch daran, dass viele Karten-Kollegen anriefen. Diese Gespräche verliefen zum größten Teil gut. Doch auch weitere Ashantis wählten meine Nummer und wurden nicht müde, mir nicht nur ganz viel Licht und Liebe zu schicken, sondern ebenso viele Bosheiten, die spürbar von Herzen kamen.

Einmal bot mir eine TV-Beraterin an, mich in ihr Team aufzunehmen. Zu dem Zeitpunkt wusste ich noch nicht, dass es Teams auf der Line gab. Zwar hatte ich mich schon über die kleinen Bildchen auf einigen Beraterprofilen gewundert, doch was dahintersteckte, davon hatte ich keinen blassen Schimmer. Jedes Team besitzt einen eigenen Namen und ein bestimmtes Symbol, erklärte mir die Beraterin. Ihr Team hieß Lichtdiamant, und auf den Profilen der Teammitglieder blinkte ein heller Stein.

Ich: »Und wofür gibt es diese Teams?«

TV-Beraterin: »Du hast ganz viele Vorteile, wenn du einem Team angehörst. Ich kann zum Beispiel super Werbung für dich machen, weil ich regelmäßig im Eso-TV zu sehen bin. Dort verweise ich allgemein auf Beratungen beim Team Lichtdiamant oder picke mir einen ganz bestimmten Berater raus, den ich besonders promote während einer Sendung. Außerdem bietet dir das Team auch Schutz vor Mobbing-Attacken von Kollegen.«

Das hörte sich logisch und interessant an. Werbung konnte nicht schaden, und auf Anrufe von frustrierten Kollegen verzichtete ich ebenfalls liebend gerne. Nur, warum bot diese äußerst nette Beraterin ausgerechnet mir das alles an? Wollte sie mir wirklich helfen? Sollten tatsächlich Licht-und-Liebe-Menschen auf dieser Astro-Hotline existieren?

Ich blieb skeptisch, willigte aber ein, mir die Teamordnung schicken zu lassen.

Ein paar Tage später erhielt ich Post. Die Beraterin hatte mir einen DIN-A4-Umschlag geschickt. Was sich darin befand, war ein knallharter Vertrag. Mit meiner Unterschrift würde ich mich für mindestens ein Jahr an das Team Lichtdiamant binden. Die freundliche Dame bekäme meine gesamten Einnahmen vom Portal überwiesen, von denen sie dann schlappe zwanzig Prozent als Provision einstrich und mir eine gesonderte Abrechnung erstellte. Wusste ich es doch! Ich schrieb der Kollegin also eine E-Mail, in der ich mich für ihr Angebot bedankte, es aber höflich ablehnte. Beinahe hätte ich mit »Licht und Liebe« unterschrieben.

Eine Esoterik-Line ist wie ein Biotop. Dort tummelt sich eine kunterbunte Schar, die in diesem speziellen Lebensraum uneingeschränkten Schutz genießt. Schon bald lernte ich, diese aus Kartenlegern, Wahrsagern & Co bestehende Biozönose in spezifische Kategorien einzuteilen, ähnlich wie es Fachärzte mit Krankheiten tun.

Hier eine kleine Auswahl an Beratertypen:

Der Schizophrene

Dieser Beratertyp versteht sich als Alleswisser, Prophet und rechte Hand der höchsten Instanz. Sein Wort gilt und darf in keinster Weise angezweifelt werden. Seine Botschaften werden ihm meist durch Engel übermittelt, deren Stimmen er 24 Stunden am Tag hört und mit denen er angeregte Diskussionen führt, überall und immer. Schizophrene Wahrsager treten meist unter einem spirituellen Namen auf, der ihnen (natürlich) von der geistigen Welt übermittelt wurde. Häufig redet der Guru in der dritten Person von sich zu seinen Jüngern, und er ist in der Lage, sein Gesicht zu abenteuerlichen Grimassen zu verziehen. Seine unantastbare spirituelle Kompetenz unterstreicht er durch exotische Gewänder und auffällige esoterische Accessoires.

Die Grinsekatze

Dieser Berater wird Ihnen unter Umständen bekannt vorkommen – aufgrund seines weltlichen Vorlebens als Verkäufer auf Kaffeefahrten oder als Vorwerk-Fachmann an der Haustür-Front. Sein unnachahmliches Verkäufergrinsen wäre selbst dann nicht einmal ansatzweise erschüttert, wenn während seiner Sendung ein Raumschiff im TV-Studio landen würde, dem Darth Vader und der Terminator in Begleitung einer Duracell-Hasen-Armee auf Speed entsteigen und das Ende der Welt verkünden würden. Er ist stets auf alles vorbereitet und hat seine Anrufstatistik fest im Blick. Bei ihm gibt es prinzipiell keine schlechten Nachrichten, und für seine Kunden ist er längst der gute Freund mit der verlässlichen Dosis Glück geworden. Tritt er gerade nicht im Fernsehen auf, ist er 24 Stunden dauerhappy auf der Line erreichbar.

Die Schwarzmagierin

Diese besondere Beraterin besitzt die unheimliche Fähigkeit, Menschen wie Marionetten tanzen zu lassen. Neben ihr sehen Merlin und Gargamel alt aus. Auf Kundenwunsch verhext sie nicht nur den abtrünnigen Ehemann, sondern führt Verlassene mit ihren Ex-Partnern wider deren Willen zusammen und schaltet unerwünschte Nebenbuhler mittels schwarzer Magie ganz locker aus. Auch die Belegung der Menschen mit Krankheiten gehört zu ihrem reichhaltigen Angebot.

Die nette Rentnerin von nebenan

Diese Berater-Dame ist meist alleinstehend oder verwitwet. Bei ihr gibt es neben vielen Tipps und gut gemeinten Ermahnungen eine Beratung, so süß wie heiße Milch mit Honig. Nach einem Anruf bei ihr kennt man nicht nur die eigene Zukunft, sondern auch die Lebensgeschichte der alten Dame und ihrer Familienangehörigen. Für gewöhnlich ist der Ratsuchende nach dem Gespräch um einiges ärmer, denn die clevere Ruheständlerin beherrscht die Kunst, den Anrufer ohne Skrupel bis zur automatischen Gesprächsunterbrechung in der Leitung zu halten.

Ja, meine Beraterkollegen beeindruckten mich stets durch ihre Kreativität und ihre TATSÄCHLICHE Motivation, auf einer Astro-Line zu arbeiten.

Da wäre zum Beispiel Gisela, Mitte fünfzig, geschieden, Mutter von drei Kindern, Hausfrau und ebenfalls Kartenlegerin auf einem Esoterik-Portal. Gisela rief mich mehrmals am Tag an – nicht etwa um mir ständig neue Fragen zu stellen, sondern weil sie parallel als Beraterin online war und zusätzlich auf einer Sex-Hotline ihre Dienste anbot. Unsere Gespräche musste sie oft unterbrechen, um ihren eigenen wahlweise spirituellen oder horizontalen Verpflichtungen nachzugehen. Bei Gisela war Rüdiger das Dauerthema, ein Stammkunde von der Sex-Hotline. Mit ihm hatte sie sich diverse Telefonsex-Gespräche später am letzten Wochenende ganz real getroffen und das mit ihm getan, was sie zuvor schon eingehend am Telefon geprobt hatten: Sex!

Gisela: »Du kannst dir gar nicht vorstellen, wie toll unser Treffen war. Als er aus dem Zug stieg, dachte ich, ich falle sofort tot um. Er sah tausendmal besser aus, als auf der Webcam.«

Gisela seufzte tief.

Ich: »Aha? Vorher habt ihr euch also schon per Cam gesehen? Immerhin wusstest du dann ja, wer da am Bahnhof ankommt.«

Gisela: »Ehrlich gesagt haben wir uns vor unserem Date schon äußerst genau angeschaut.«

Gisela kicherte albern.

Gisela: »Schließlich gibt es auf dem Flirt-Portal auch die Möglichkeit, im Live-Chat miteinander zu reden und sich dabei zu sehen.«

Nein, liebe Gisela, stopp! Bitte rede bloß nicht weiter! Ich möchte keine weiteren Details erfahren! Ich schüttelte mich und versuchte verzweifelt, mein Kopfkino, das sich gerade verselbstständigte, abzuschalten. La la la, ich denke gar nicht darüber nach. Ich konzentriere mich einfach auf etwas völlig anderes, auf … David Hasselhoffs Auftritt vor dem Brandenburger Tor zum Beispiel. Hastig begann ich, *I've been looking for freedom* in Gedanken vor mich hin zu singen.

Doch Gisela kannte keine Gnade.

Gisela: »Wir wussten beide ganz genau, worauf wir uns einlassen. Schließlich hatte er meine Brüste schon vorher oft genug bewundern dürfen und ich habe mich bestimmt auch mehr als zehn Mal von seinem Standvermögen überzeugen können. Was, unter uns gesagt, wahnsinnig beeindruckend ist. Immerhin ist Rüdiger schon 54 Jahre alt! Aber das würde man wirklich nicht denken, wenn man sieht, wie fit er noch ist.«

Heilige Mutter Gottes, hilf!!! David Hasselhoff entschwand augenblicklich von der Bildfläche, und ein schlüpfriger Low-Budget-Pornostreifen mit Gisela und Rüdiger in den Hauptrollen nahm seinen Platz ein.

Ich räusperte mich.

Ich: »Das ist wirklich toll, Gisela. Ich freue mich für dich.«

Das war natürlich gelogen, denn in Wirklichkeit hätte mich nur eine Sache gefreut: wenn Gisela just in diesem Augenblick einen Anruf bekommen hätte. Aber nein, das Universum hatte wieder mal kein Mitleid mit mir. Verflixt!

Gisela: »Doch weswegen ich eigentlich anrufe ... es gibt da so ein klitzekleines Problem, und ich weiß nicht, wie ich es einordnen soll. Vielleicht kannst du ja ein wenig Licht in die Angelegenheit bringen.«
Ich: »Gerne. Um was geht es denn genau?«

Ich war froh, dass mir weitere pikante Details ihres Dates erspart blieben und stellte mich auf harmlose Fragen über Rüdiger ein. Vielleicht hatte er noch eine zweite Beziehung? Ich entspannte mich, das war ich gewohnt. Die üblichen Fragen lauteten dann: Liebt er mich wirklich? Wird er sich von der anderen trennen? Hat er noch etwas mit ihr? Wann kommen wir endlich richtig zusammen?

Gisela: »Am Sonntag gab es eine sehr merkwürdige Situation. Kurz bevor ich Rüdiger wieder zum Bahnhof gebracht habe, hat er mir 250 Euro in die Hand gedrückt. Ich hatte keine Ahnung wofür. Rüdiger meinte dann nur, dass ich es behalten sollte. Wahrscheinlich wollte er mir damit zeigen, dass er mich nicht ausnutzen will, denn ich habe ja gekocht und er hat auch bei mir übernachtet. Jetzt überlege ich allerdings, ob 250 Euro nicht doch ein bisschen viel sind für ein Wochenende.«

Nein, liebe Gisela, wahrscheinlich war es für Rüdiger sogar ein echtes Schnäppchen. Sicherlich ist er für ein ganzes Wochenende mit einer Frau schon lange nicht mehr so günstig weggekommen. Einschlägige Etablissements sind mit Garantie viel teurer. Das war klar wie Kloßbrühe, und zwar ganz ohne Karten. Ich fasste mir an die Stirn und überlegte, wie ich Gisela möglichst schonend beibringen konnte, dass Rüdiger ihr Treffen rein professionell betrachtet hatte. Als Echtkörper-Zusatzleistung zu ihrem bisherigen Service sozusagen.

Gisela: »Meinst du, ich soll ihm etwas zurückgeben? Kannst du mal in die Karten gucken?«

In dem Moment klingelte Giselas zweites Telefon.

Gisela: »Ich muss auflegen! Kundschaft!«

Halleluja.
Wer jetzt denkt, es sei etwas sehr Ungewöhnliches, dass eine Esoterik-Beraterin sich mit ihren männlichen Kunden trifft, den muss ich enttäuschen. Auch wenn es vonseiten der Esoterik-Portale strikt verboten ist, dass Berater mit den Anrufern private Telefonnummern oder Adressen austauschen, so passiert es dennoch ständig.

Nehmen wir Rita, eine andere Kollegin, die mich ebenfalls regelmäßig kontaktierte. Sie war knapp über vierzig und bezeichnete sich in ihrem Eso-Profil als hellsichtiges Medium. Rita rief mich meistens am Sonntagabend an, um mit mir ihre wöchentliche Ausbeute zu besprechen – Ausbeute in Form von männlichen Kunden. Rita hatte sich nämlich in den Kopf gesetzt, über ihre Gespräche den »Richtigen« kennenzulernen. Die meisten Männer riefen sie zwar an, weil sie selbst an Liebeskummer litten und entweder wieder mit der Ex zusammenkommen wollten oder mit der Dame, in die sie heimlich verliebt waren. Doch das störte Rita herzlich wenig. Sie benutzte eine clevere Strategie, um an die Objekte ihrer Begierde zu kommen:

Phase 1:

1. Auf Zeit spielen. Dem Mann ausschließlich positive Dinge erzählen. Seine Herzdame ist im Moment blockiert, und er müsse ihr Zeit geben, damit sie merkt, dass sie nur ihn will. Übersetzt: Damit der Kunde am Ende merkt, dass *er* nur Rita will.
2. Für alle seine Probleme großes Verständnis zeigen. Ihm das Gefühl geben, er wäre immer im Recht.
3. Das Vertrauen des Mannes gewinnen, indem man ihm süßesten Honig um den Bart schmiert. Eigentlich habe er das alles gar nicht nötig, denn einen wie ihn würde sich jede Frau wünschen. Er habe etwas weitaus Besseres verdient, die Herzdame bringt ihm viel zu wenig Wertschätzung entgegen.

4. Ruft der Mann nahezu täglich an und bleibt bis zur automatischen Rufunterbrechung in der Leitung, ist der erste Etappensieg erreicht.

Phase 2:

1. Durch die täglichen Gespräche ist das Budget des Kunden so gut wie erschöpft, eigentlich kann er sich keine weiteren Gespräche mehr mit Rita leisten.
2. Der Mann hat das Gefühl, keinen Tag mehr ohne die verständnisvolle Hellseherin überstehen zu können. Sein Kontostand zwingt ihn, nach Ritas privater Telefonnummer zu fragen.
3. Rita ziert sich und verweist darauf, dass es ihr nicht gestattet ist, persönliche Daten an Kunden weiterzugeben. Damit weckt sie seinen Jägerinstinkt.
4. Der Kunde bleibt am Ball, und bald beschäftigt ihn nicht mehr seine eigentliche Herzdame, sondern nur noch die Frage, wie er an die private Nummer »seiner« Hellseherin kommen kann, die für ihn mittlerweile so viel mehr ist als nur eine Stimme am Telefon. Er empfindet die Beziehung zu Rita lange nicht mehr als rein geschäftlich, sondern als sehr persönlich.

Phase 3:

1. Rita erhört endlich sein Flehen und rückt die heißersehnte Nummer heraus, unter der der Mann sie nun zu einem speziellen Freundschaftspreis erreichen kann.

2. Die Herzdame ist passé. Dem Mann ist längst klar, dass sie spirituell überhaupt nicht zu ihm gepasst hat und er nach seiner Seelenpartnerin suchen muss.
3. Er spürt immer deutlicher, dass er und Rita auf derselben geistigen Welle reiten. Wie vom Donner gerührt erkennt er, dass er eigentlich schon die ganze Zeit über mit seiner Seelenpartnerin telefoniert.
4. Er teilt Rita seine Empfindungen mit, und sie erwidert diese. Die beiden treffen sich. Rita ist am Ziel.

Was soll man dazu sagen? Ich bemühte mich, mir meine moralischen Bedenken zu verkneifen, und tröstete mich damit, dass Ritas Männer es bislang alle noch geschafft haben, sich früher oder später von ihr zu emanzipieren.

Meine Beratungen bot ich nicht nur am Telefon an. E-Mail-Beratungen und Chats gehörten ebenfalls zu meinem Service. Einmal erhielt ich folgende kuriose Kundenanfrage per E-Mail:

Liebe Bianca,

mein Name ist Russia, geboren am 16.10.1965. Ich bin unglücklich in einen Mann verliebt, der auch auf meiner Arbeit ist. Er heißt Rudi und ist verheiratet. Ich glaube, dass er vier Kinder hat. Ich habe schon mal mit ihm geredet, aber mehr nicht. Durch das Medium Elisabeth konnte ich mit Gott sprechen. Ich habe ihn gefragt, was es zu bedeuten hat, dass ich mich so sehr zu Rudi hingezogen fühle. Gott hat gesagt, dass Rudi sich auch zu mir hingezogen fühlt und er sich eine Beziehung mit mir wünscht. Jetzt ist mir aber etwas Komisches auf dem Firmen-Sommerfest passiert. Immer wenn ich zu ihm rüber geschaut habe, hat er erst auch geguckt und dann schnell ganz verschämt zur Seite. Irgendwann habe ich schließlich all meinen Mut zusammengenommen und bin zu ihm rübergegangen. Leider hat er nicht viel gesagt und ist dann weg, weil er seine Frau anrufen wollte. Jetzt weiß ich nicht, wie ich mich verhalten soll. Das Medium Elisabeth ist momentan leider nicht erreichbar. Kannst du bitte Gott fragen, was da gerade los ist? Habe ich mich falsch verhalten? Wann kommen Rudi und ich endlich zusammen? Sage Gott bitte einen ganz lieben Gruß von mir und danke, dass er mir so sehr hilft.

VLG

Russia

Diese E-Mail erschütterte mich. Ich antwortete Russia nicht, sondern leitete ihre schriftliche Anfrage direkt an die Kundenbetreuung weiter. Gespräche mit Gott gehörten definitiv NICHT zu meinem Repertoire. Ein paar Tage später erhielt ich die folgende Antwort:

Ich war erleichtert, dass die Kundenbetreuung in dieser Angelegenheit konsequent durchgriff und mir die Aufgabe abgenommen hatte, der Ratsuchenden schonend beizubringen, dass kein menschliches Wesen Gespräche mit Gott führen kann und ihr somit eine faustdicke Lüge aufgetischt worden war. Noch heute grummelt mein Magen, wenn ich daran zurückdenke, wie unverantwortlich das »Medium Elisabeth« gehandelt hatte. Doch auch auf diese haarsträubende Begebenheit sollte bald die nächste folgen.

Kurze Zeit später chattete ich mit Bina. Bina war zarte 18 Jahre alt, und man merkte ihr das Staunen über meine Antworten auf ihre Fragen deutlich an.

Bina: Das stimmt! Woher wusstest du das?
Ich: Das liegt hier klar und deutlich in deinem Kartenbild. ;-)

Bina: Genau das Gleiche hat Xavier Dupont im Chat auch geschrieben. Ich bin echt baff.

Und wie baff ich erst war. Xavier Dupont galt nämlich offiziell als blind und warb damit auch auf seinem Profil. Ich gab seinen Namen in die Suchliste auf der Internetseite ein. Tatsächlich, Xavier Dupont war erreichbar und zwar telefonisch UND im Chat. Entweder hatte Bina sein Profil nicht gelesen oder sich noch keine Gedanken darüber gemacht, wie es sein kann, dass jemand, der nicht sehen kann, fröhlich mit ihr zusammen in die Tasten haut. Mal wieder verkniff ich mir meine Kommentare und ging nicht weiter auf die unausgereifte Marketingstrategie des Kollegen ein.

Beim Kartenlegen bemühte ich mich grundsätzlich darum, so sachlich und professionell wie möglich aufzutreten, auch wenn mir das so manches Mal doch ziemlich schwerfiel. Besonders bei folgendem Gespräch. Es handelte sich um die Kundin Estefania, ebenfalls eine Kartenlegerin, die seit Kurzem außerdem im Fernsehen auftrat.

Ich: »Einen wunderschönen guten Abend, hier ist Bianca, was kann ich für dich tun?«
Estefania: »Estefania spricht, wünsche dir auch einen guten Abend. Bei mir geht es um die Finanzen. Ich bin eine TV-Beraterin und möchte gerne wissen, ob meine Umsätze besser werden.«

Ich mischte die Karten, legte sie aus und schaute auf Estefanias finanzielle Situation. Laut Kartenbild verdiente die

Kollegin eine Mörder-Kohle und lebte garantiert in Saus und Braus.

Ich: »Deine Umsätze sehen sehr gut aus, Estefania. Ehrlich gesagt sogar mehr als gut. Warum machst du dir Gedanken?«

Estefania: »Ich habe einige Schönheits-OPs gebucht, und da brauche ich über 25.000 Euro, um alles bezahlen zu können.«

Ich suchte parallel auf dem Portal nach ihrem Profil. Auf dem Foto lächelte mir eine hübsche Frau entgegen, die ganz offensichtlich keine Schönheits-OPs nötig hatte.

Ich: »Was willst du dir denn operieren lassen?«

Estefania: »Eine Menge! Gebucht habe ich einen Facelift und Fettabsaugen an Oberschenkeln und Bauch, dann lasse ich mir noch meine Lippen aufspritzen und meinen Busen auf Doppel-D vergrößern.«

Ich: »Und das kostet über 25.000 Euro?«

Plante Estefania eine neue Karriere in der Porno-Industrie? Oder wieso sollte sich eine gut aussehende Frau so eine Tortur sonst freiwillig antun?

Estefania: »Genau. Aber wie sieht es nun aus? Werden meine Umsätze gut bleiben?«

Mir widerstrebte es, darauf zu antworten, doch Estefania war eine Kundin, die für meine Antworten bezahlte.

Ich: »Ja, du wirst deine OPs bezahlen können.«

Daraufhin verabschiedete sich eine hörbar gut gelaunte Estefania von mir. Ich fragte mich, ob solche Anrufe völlig normal in meiner neuen Branche waren. Vielleicht sollte ich selbst einen Berater anrufen, um mir in die Karten schauen zu lassen?

7. KAPITEL

Natürlich glaubt kein Mensch an »so was«

Eine liebe Freundin lud mich zur Party anlässlich ihres vierzigsten Geburtstags ein und bat mich um einen Gefallen. Sie wünschte sich an ihrem Ehrentag, dass ich in ihre Zukunft schaue. Keine Frage, ich sagte zu und packte meine Lenormand-Karten ein.

Jessica hatte den Küchentisch freigeräumt, um den sich nun neugierige Partygäste drängten, die mich unverhohlen von der Seite belächelten.

»Und du legst also Karten?«

»Und das soll funktionieren? Nie im Leben!«

»Ist das nicht alles blöder Aberglaube?«

»Das werden wir gleich sehen«, sagte ich und zog meine Lenormand-Wahrsagekarten aus dem grünen Pappkarton.

Mittlerweile quetschten sich 15 Schaulustige in die kleine Küche. Diese Show wollten sie auf keinen Fall verpassen.

»Okay, Jessica, bist du bereit?«, fragte ich meine Freundin. Jessica nickte und rutschte nervös auf ihrem Stuhl hin und her.

»Dann konzentriere dich, und wenn du so weit bist, gibst du mir ein Stopp.«

»Gut.« Sie atmete einmal tief ein und aus, und dann schloss sie die Augen, um in sich zu gehen.

Ich mischte die Karten.

Einige Gäste kicherten leise.

Jessica öffnete die Augen wieder. »Stopp!«

Ich legte das Kartenbild und erzählte ihr zuerst, was mir in den Karten gezeigt wurde, zum Beispiel, dass sie sich mit dem Gedanken trug, einen Hund anzuschaffen und dass sie nach einer neuen Arbeitsstelle suchte. Jessica war verblüfft und bestätigte meine Aussagen.

Einigen der neugierigen Zuschauer war das Erstaunen ins Gesicht geschrieben. Oh, wie fassungslos die Menschen aussehen können!

Nachdem ich Jessica jede ihrer Fragen beantwortet hatte, begannen mich die umstehenden Leute mit Fragen zu löchern.

»Wie konntest du das denn wissen? Das sind doch nur Karten mit lustigen bunten Bildchen, da steht doch nix von Arbeitssuche!«

»Eigentlich glaube ich nicht an so was, aber woher kannst du das?«

»Ich habe mal einen Kartenlegekurs belegt«, antwortete ich.

»Echt? Wo kann man so etwas denn machen?«

»An ganz verschiedenen Orten. Die Kurse werden überall in Deutschland angeboten.«

»Ahso? Bestimmt sind das so Schulen wie die von Harry Potter. Hogwards für Kartenleger oder so.«

Gelächter.

»Nee. Das sind so Kurse wie an der VHS. Da kann sich jeder anmelden. Sogar du.«

»Aha. Und hinterher ist man dann Kartenleger?«

»Na ja, man kennt sich danach auf jeden Fall ein wenig damit aus.«

»Und dann kommt man ins Fernsehen. Ha ha ha!«

»Bin ich im Fernsehen?«

»Bist du?«

»Nein, Mensch!«

»Und was lernt man in so einem Kurs?«

»Du lernst die verschiedenen Bedeutungen der Karten, viele Legetechniken und wie man bestimmte Kartenkombinationen richtig interpretiert. Das ist fast so, als würde man eine Fremdsprache lernen«, ratterte ich die Erklärung herunter, die ich bestimmt schon hundert Mal gegeben hatte.

»Verdienst du damit auch richtig Geld?«

»Ja.«

»Viel?«

»Einiges.«

»Und machst du das hauptberuflich?«

»Nö. Hauptberuflich arbeite ich im Büro.«

»Und nach der Arbeit fährst du dann zu den Leuten nach Hause, packst bei denen deine Glaskugel und Karten auf den Tisch und sagst ihnen die Zukunft voraus?«

»Nein, ich arbeite auf einer Line und von zu Hause aus. Die Leute können mich anrufen, und dann lege ich für sie die Karten.«

»Das ist ja chillig. Da verdienst du ja ganz easy ganz viel Geld.«

»Das glaubst aber auch nur du. Die Gespräche sind größtenteils anstrengender, als wenn ich eine komplette Woche im Büro durcharbeiten würde.«

»Was rufen dich denn da für Leute an?«

»Alles querbeet. Von der Hausfrau bis zum Rentner, vom Arbeitslosen bis zum Millionär. Da ist jede Kategorie Mensch vertreten. Meistens Leute, die in schwierigen Lebenssituationen stecken und nicht wissen, wie es weitergehen soll. Denen helfe ich dann. Es sind Menschen wie du und ich. Mit ganz alltäglichen Sorgen und Problemen. Nichts Spannendes.«

»Ich finde das ja wirklich total interessant.«

»Und das stimmt dann wirklich IMMER, was du denen erzählst?«

»Ja. Bis jetzt hat es immer gestimmt.«

»Hammer! Und das könntest du bei mir auch machen?«

»Genau. Ich kann für jeden die Karten legen, der es möchte.«

»Los, Kathleen, lass dir doch mal die Karten legen!«

»Ja, Kathleen, mach mal!«

»Nee, lass mich in Ruhe. Ich habe Angst davor. Wer weiß, was da rauskommt. Vielleicht sogar was Schlimmes. Wann ich sterbe und so.«

»Keine Sorge, Fragen nach dem Tod beantworte ich grundsätzlich nicht. Das soll der liebe Gott entscheiden, damit habe ich nix zu tun.«

»Na siehste, Kathleen. Trau dich doch mal.«

»Also gut, ich mach's.« Kathleen setzte sich auf den Platz mir gegenüber vom Küchentisch. »Was muss ich jetzt tun?«

»Nur sitzen bleiben und irgendwann aus dem Bauch heraus stopp sagen.«

»Kannst du mir nach Kathleen auch die Karten legen?«

»Klar.«

»Mir auch?«

»Und mir?«

»Ja, ihr kommt alle dran.«

Von der Geburtstagsfeier hatte ich nicht wirklich viel. Ich legte bis spät in die Nacht für sämtliche Gäste und offizielle »Nicht-dran-Glauber« in der kleinen Küche die Karten. Danach habe ich mir geschworen, nie wieder meine Lenormand-Karten zu irgendwelchen Festivitäten mitzunehmen.

8. KAPITEL

Andromeda allein zu Haus

Seit ein paar Wochen bekam ich häufig Anrufe von der bekannten und bei den Kunden allseits beliebten TV-Beraterin Andromeda, die eigentlich Melanie Bauer hieß. Sie bestand darauf, ausschließlich mit Andromeda angesprochen zu werden, ihren spirituellen Namen, den sie von der »geistigen Welt« erhalten hatte. Ich tat ihr den Gefallen. Was diese »geistige Welt« eigentlich sein sollte, blieb allerdings ein Rätsel.

Recht schnell stellte sich in unseren Gesprächen heraus, dass Andromeda nicht annähernd so erleuchtet war, wie sie sich auf der Mattscheibe verkaufte. Bald plauderte sie aus dem Nähkästchen und offenbarte einige pikante Details, die ich äußerst interessant fand.

Andromeda: »Nach der Schule habe ich zuerst eine Ausbildung als Floristin gemacht. Leider habe ich keinen Job in dem Beruf bekommen und musste putzen gehen. Für fünf Euro die Stunde. Das musst du dir mal vorstellen! Das war wirklich nicht viel, damit konnte ich keine großen Sprünge machen. Und dann bekam ich den ersten Bandscheibenvorfall und kurz darauf den zweiten. Bald konnte ich nicht mehr putzen. Ich habe Hartz IV beantragen müssen, aber von den paar Pfennigen konnte ich meine Rechnungen nicht bezahlen. Ich musste mir was einfallen lassen und bin schließlich beim Surfen im Internet zufällig auf ein Eso-Portal gestoßen. Das war damals noch ganz in den Anfängen. Man brauchte keine Zertifikate oder Ähnliches. Ein Gewerbeschein genügte, und man konnte sofort loslegen. Ich habe nie einen Kartenlegekurs oder so was belegt.«

Das mit dem Gewerbeschein kannte ich. Doch ich hätte es nie für möglich gehalten, auf einem Portal erfolgreich sein zu können, ohne die geringsten Kenntnisse von Kartenlegerei zu haben!

Ich: »Konntest du denn am Anfang damit überhaupt Geld verdienen?«

Andromeda: »Und wie! Gleich vom ersten Tag an haben meine Telefondrähte geglüht. Es gab ja noch nicht viele Berater, und die Anzahl der Anrufe war damals schon enorm. Ich habe sofort so viel Geld verdient wie noch nie in meinem Leben. Und ehe ich mich versah, saß ich im Fernsehstudio und war auf Sendung.«

So weit, so gut. Doch wie um Himmels willen tat sie das, Leute beraten, ohne sich mit Orakelkarten auszukennen?

Ich: »Wie hast du die Leute denn beraten, wenn du vorher nie einen Kartenkurs gemacht hast? Immerhin steht Kartenlegen in deinem Profil, und das machst du ja auch im Fernsehen.«

Andromeda: »Ach, das habe ich alles nach Gefühl gemacht. Ich habe zwar am Telefon Kartenbilder ausgelegt, aber ehrlich gesagt, habe ich nie darauf geschaut. Und im Fernsehen benutze ich eh meine selbst entworfenen Karten, die ich so interpretiere, wie ich mir das vorstelle. Die kann man übrigens auch kaufen.«

Hochinteressant!

Ich: »Habe ich das jetzt richtig verstanden, du kannst eigentlich gar nicht hellsehen und hast dich trotzdem auf dem Portal angemeldet?«

Andromeda: »Na ja, von irgendwas muss man doch schließlich existieren, und die Leute sind schließlich mit meinen Beratungen zufrieden, sonst würden sie nicht wieder anrufen. Und im Fernsehen würde ich kaum sitzen.«

Ich: »Hmm … aber das Ganze hat dann trotzdem nichts mit dem Vorhersagen der Zukunft zu tun.«

Andromeda: »Ach, ich bin trotzdem gut. Die meisten Leute wollen doch eh nur positives Feedback und hören, dass der Mann oder die Frau zurückkommt oder eine große Erbschaft auf sie wartet.«

Okay, Hellsehen konnte sie also schon mal nicht, sonst hätte sie spätestens jetzt gewusst, dass ich von Betrügern nicht viel hielt.

Andromeda: »Übrigens habe ich in diesem Moment genau 156 Kunden in der Rückrufliste.«
Ich: »Unglaublich! 156?«

Was diese 156 Kunden wohl sagen würden, wenn sie unser Gespräch mithören könnten?

Andromeda: »Richtig. Und das ist jeden Tag so. Nach TV-Auftritten sind sogar noch mehr Rückrufanfragen in der Warteschleife. Ich schaffe es gar nicht, alle abzutelefonieren.«

Ich: »Das glaube ich dir gerne. Wie viele Stunden bist du denn am Tag durchschnittlich online?«

Andromeda: »Meistens zwischen 16 und 18 Stunden. Ich komme kaum mehr raus. Viele Freundschaften von früher sind wegen meiner Arbeit auf der Strecke geblieben. Das ist der Preis, den ich für meinen beruflichen Erfolg gezahlt habe.«

Ich: »Das ist aber schade …«

Andromeda: »Tja, es heißt eben nicht umsonst, dass das Kartenlegen einsam, dick und alt macht.«

Ich: »Tut es das?«

Ich schaute an mir herunter. Noch konnte ich keine auffälligen Speckrollen erkennen.

Andromeda: »Was ist mit dir? Machst du den Job bei der Line hauptberuflich?«

Ich: »Nein, ich arbeite Vollzeit in einem Büro. Die Arbeit auf der Line mache ich nur nebenher.«

Andromeda: »Sei froh und kündige bloß nicht deinen Büro-Job. Den realen Kontakt zu Menschen solltest du immer beibehalten. Der fehlt mir leider total. Ich kommuniziere fast ausschließlich per Telefon oder Internet. Wenn ich Hunger habe, bestelle ich meine Pizza online, Lebensmittel und Kleidung shoppe ich auch im Internet. Ich glaube, die einzigen Menschen, die ich tatsächlich regelmäßig sehe, sind meine Putzfrau und meine Friseuse, die beide zu mir nach Hause kommen. Und ab und an die Mitarbeiter der Fernsehproduktion im Studio.«

Ich: »Krass! So ein Leben kann ich mir ja gar nicht vorstellen.«

Andromeda tat mir ein wenig leid.

Andromeda: »Das habe ich auch gesagt, bis es sich leider immer mehr in diese Richtung entwickelt hat. Sag mal, Bianca, würdest du mich mal besuchen kommen? Ich möchte dich unheimlich gerne persönlich kennenlernen. Und vielleicht passt du ja auch in mein Team?«

In Andromedas Team wollte ich auf keinen Fall, so viel stand fest. Dennoch hatte mich das Gespräch neugierig auf die Person Andromeda gemacht, die trotz nicht vorhandener Hellsicht zu einer Art Popstar in der Szene geworden war. Ich sagte dem Treffen mit Andromeda also zu. Sie wohnte nur eine knappe Autostunde von mir entfernt. Wir verabredeten uns für das kommende Wochenende.

Nachdem ich mich zwei Mal verfahren hatte, fand ich schließlich ihre Adresse. Ich fuhr auf ein hohes modernes Gebäude mit einer Garageneinfahrt zu, die durch ein elektrisches Tor verschlossen war.

Wieder kein windschiefes Hexenhäuschen, dachte ich enttäuscht. Dabei hatte ich mir so sehr eine faszinierende Begegnung in mysteriösem Ambiente gewünscht.

Vor dem Rolltor der Garage war eine Sprechanlage angebracht. Andromeda hatte mir gesagt, dass ich auf die Klingel (auf der übrigens ihr richtiger UND ihr spiritueller Name standen) rechts unten drücken sollte. Wenige Sekunden später surrte es, und das Tor öffnete sich. Nachdem ich mein Auto in der riesigen Tiefgarage geparkt hatte, folgte ich den Schildern zu einer Tür, die ins Treppenhaus führte. Andromeda wohnte im zwölften Stock, was mich stark an Rapunzel erinnerte, die ebenfalls einsam und allein in ihrem hohen Turm darbte.

Obwohl ich unter Platzangst litt, nahm ich den Aufzug. Zwölf Etagen zu Fuß hinaufzukraxeln waren mir dann doch mindestens elf Stockwerke zu viel.

Als die Fahrstuhltür sich öffnete, sah ich sie bereits. Andromedas »Wohnung«, oder vielmehr ihre Residenz, lag unmittelbar gegenüber dem Aufzug. Die Kartenlegerin lehnte in weiter farbenfroher Kleidung im Türrahmen, an ihrem Ohr klemmte ein Headset neben einer goldenen Kreole, und auf dem Arm trug sie eine schwarze Katze.

»Nein, meine Süße, es wird alles gut, darauf kannst du dich verlassen«, sie winkte mich in ihre Wohnung herein, während sie offensichtlich auf eine Kundin einredete und ihr die altbewährten positiven Nachrichten verkaufte.

Ich betrat einen langen Flur mit einem hellen Marmorboden, auf dem Perserteppiche lagen.

»Wenn ich dir das sage, dann kannst du es glauben. Ich sehe keine Trennung, der Mann IST und BLEIBT dein Schicksal ... Ja, sehr gerne. Alles Liebe, Ursula! Ciaoi!«

Sie nahm sichtlich entnervt das Headset ab, setzte die Katze auf den Boden und drückte mich an ihren imposanten Busen, wobei mir ihre Worte wieder einfielen: »Das Kartenlegen macht einsam, DICK und alt«.

»Ach Bianca, wie schön, dass du da bist«, sagte sie und drückte mich noch einmal inbrünstig, sodass mir die Luft wegblieb. »Bin ich froh, dass das Gespräch vorbei ist. Eine äußerst nervige Kundin, die mir ständig die gleichen Fragen stellt. Na ja, hast du wenigstens den Weg gut gefunden?«

»Ja, alles gut gefunden«, sagte ich, nachdem sie mich endlich aus ihrer Umarmung freigegeben hatte, und überreichte ihr unpassenderweise eine Schachtel belgischer Pralinen, die ihrer eh schon fülligen Figur den Rest gegeben haben muss. Die Katze strich um meine Beine.

»Das ist übrigens Merlin. Er freut sich immer über Besuch«, bemerkte sie, während wir den Flur entlanggingen. Die Wohnung war blitzeblank gewienert. Längs der Wände standen mannshohe Vitrinen mit kunstvoll auf goldenen Tabletts und in gläsernen Schalen arrangierten Edelsteinen. Ich entdeckte kleine und große Kristallkugeln, silberne Pendel sowie Andromedas eigens entworfene Orakelkarten in kleinen Holzkästchen.

»Ich verkaufe Heilsteine, Kartendecks und allerhand andere Dinge über meinen Internetshop und direkt an meine Seminarteilnehmer«, erklärte Andromeda, der meine neugierigen Blicke nicht entgangen waren. »Du musst wissen, in meinen Workshops lernen die Teilnehmer nicht nur den Umgang mit meinen Orakelkarten, sondern sie lernen auch sich selbst völlig neu kennen. Ich packe ihr Ego genau dort, wo es am meisten wehtut. Jedem Ego-Thema ordne ich dann einen Heilstein zu, und den können sie am Ende des Seminars bei mir kaufen.«

Ich nickte. Praktisch, praktisch. Andromeda entpuppte sich in meinen Augen mehr und mehr als gewiefte Geschäftsfrau, die ihren Kunden ein hervorragend abgestimmtes »Rundum-sorglos-Paket« bot.

»Ich habe nicht erwartet, dass du neben den Beratungen noch etwas anderes machst«, gab ich zu.

»Soll ich dir mal die Seminarräume zeigen? Da wirst du staunen.«

Ich folgte Andromeda durch eine Glastür in einen lichtdurchfluteten Raum mit riesigen Fenstern, der ebenfalls picobello sauber und ordentlich war. In der Mitte befand sich ein dunkler langer Holztisch (ich tippte auf Mahagoni) mit dazu passenden Stühlen. Das überdimensionale Ölbild eines Pfaus schmückte die Wand vor Kopf. Große Kübel mit Birkenfeigen und Zitronenbäumen standen vor den mannshohen Glasfenstern. Dazwischen entdeckte ich einen vor sich hinplätschernden steinernen Springbrunnen, und in einer Ecke befand sich eine beachtliche Buddha-Statue.

»Wow, das sieht wirklich klasse aus.« Ich strich mit meiner Hand über die zweifelsfrei sehr teure Tischplatte.

»Warte ab, bis du die Aussicht von hier oben gesehen hast.« Andromeda winkte mich auf die mindestens 50 Quadratmeter große Dachterrasse. Sie hatte nicht zu viel versprochen. Der Ausblick auf die Skyline der Stadt und den Fluss war ziemlich beeindruckend.

Später bestellte Andromeda Essen bei einem Nobelitaliener für uns und öffnete eine Flasche sündhaft teuren Rotweins, den ich aber brav ablehnte, da ich noch fahren musste. Dann bestand sie darauf, dass ich mit ihr zusammen ihre neueste Spielkonsole einweihte, sie wollte endlich mal gegen einen Menschen und nicht nur gegen einen Computer spielen. Dabei trank sie ein Glas Wein nach dem anderen und – führte gleichzeitig Beratungsgespräche am Telefon. »Damit du mal einen Eindruck bekommst, wie das bei mir so abläuft«, sagte sie. Ich kam aus dem Staunen nicht mehr heraus. Andromeda war Multitasking pur.

Je mehr sie trank, desto mehr kam sie in Schwung. Sie sabbelte den Kunden die Ohren voll, ohne Luft zu holen, und ich wunderte mich, dass es bei den Gesprächen rein gar keine konkreten Aussagen über die Zukunft der Anrufer gab. Vielmehr bestanden die Beratungen aus Unterhaltungen über das allgemeine Befinden beider Gesprächsteilnehmer und Sätzen wie »Das sehe ich ganz klar«, »Es ist karmisch bei euch«, »Alles wird gut«, »Ich sehe eine neue Liebe auf dich zukommen« oder »Dein Herzensmann kommt wieder zu dir zurück«. Für diese Art Beratung hätte ich persönlich nicht 2,70 Euro pro Minute ausgegeben. Das hätte mir auch meine Nachbarin ganz umsonst erzählen können, und bei ihr hätte es eine Tasse warmen Kakao obendrauf gegeben.

Als es später an der Haustür klingelte, nahm sie die Kundin sogar mit, um unser Essen in Empfang zu nehmen. »Wenn ich sie an meinem alltäglichen Leben teilhaben lasse, fühlen sich die Anrufer wie ein guter Freund oder eine gute Freundin von mir«, erklärte sie mir.

Mittlerweile war mir auch außerhalb des Seminarraums Andromedas exklusiver Einrichtungsgeschmack aufgefallen. Die Wohnung strotzte vor edlen Designermöbeln. Die sanitäre Einrichtung ihres Badezimmers bestand zum Beispiel komplett aus Villeroy & Boch, und sämtliche elektronischen Geräte steuerte sie lässig per Fernbedienung. Das Chaos, das ein Stromausfall verursachen würde, konnte ich mir lebhaft vorstellen. Ich versuchte zu schätzen, wie teuer ihre Küche, die XXL-Ecksitzgarnitur oder der leinwandgroße Plasmafernseher wohl waren.

»Darf ich dir mal eine direkte Frage stellen?«

»Frag.« Andromeda entkorkte eine zweite Flasche Wein. Trinkfest war sie.

»Hast du mal im Lotto gewonnen oder eine Erbschaft gemacht? Woher hast du nur das ganze Geld für diese unglaublich luxuriöse Wohnung und die Möbel? Die Wohnung ist doch bestimmt 200 Quadratmeter groß.«

»Mit den Seminarräumen sogar knapp 250 Quadratmeter.« Sie nahm einen Schluck aus dem Weinglas, das für sich allein schon teurer war als sämtliche Gläser, die ich besaß. »Aber ich muss dich enttäuschen. Ich habe weder im Lotto gewonnen, noch eine Erbschaft gemacht. Alles, was du hier siehst, habe ich durch meine spirituelle Arbeit verdient.«

»Ach was! Aber das muss doch super teuer gewesen sein! Wie viel verdienst du denn so im Monat?«, platzte es aus mir heraus. Andromeda schien meine Frage kein bisschen zu stören. Sie kicherte lediglich. Der Wein tat allmählich seine Wirkung.

»Was schätzt du denn, wie viel ich verdiene?«

Ich zuckte mit den Schultern. »Keine Ahnung.«

»Soll ich ehrlich sein? Unter 25.000 Euro gehe ich nie aus einem Monat raus. Meistens mache ich einen Umsatz um die 30.000 Euro. Und das ist nur das Geld aus meinen Beratungen. Die Seminare gehen extra, und da kommen bestimmt noch einmal 5.000 Euro oben drauf.«

Mir klappte die Kinnlade herunter. Ich glaubte ihr, denn die Wahrheit liegt bekanntlich ja im Wein.

9. KAPITEL

Kommet, ihr Pralinenschachteln

Was ich an meiner Beratertätigkeit besonders mochte: Es wurde niemals langweilig. Nie. Nie. Nie. Jedes Mal, wenn ich dachte, mir wäre schon einfach alles am Telefon passiert, was möglich war, wurde ich kurz darauf eines Besseren belehrt. Wer glaubt, die Arbeit einer Kartenlegerin besteht nur darin, Zukunftsprognosen zu erteilen, dem sei gesagt, dass dies nur die Spitze des Eisbergs ist. Vielmehr geht es darum, jemandem die Realität darzulegen, der die Realität komplett aus den Augen verloren hat. Die Anonymität am Telefon führte dazu, dass mir die Ratsuchenden innerhalb weniger Minuten ihre dunkelsten Seiten offenbarten, mich in die tiefsten Abgründe ihrer Seele blicken, mich also ganz nah an sich herankommen ließen, oft viel näher als mir lieb war.

»Das Leben ist wie eine Schachtel Pralinen – man weiß nie, was man kriegt«, sagte einst *Forrest Gump*. Und er hatte recht. Ein Arbeitstag auf der Line war stets wie eine riesige Pralinenschachtel: Jeder Kunde war eine ganz besondere Süßigkeit, von der man nie wissen konnte, was sie nach außen hin verbarg.

Da war zum Beispiel die Sängerin Nathalie, 33 Jahre alt und auf dem Sprung ins ganz große Musik-Business. Sie rief mich über einen langen Zeitraum mehrmals am Tag an, damit ich für sie die richtigen Entscheidungen traf.

83

Sollte sie auf einer Gala das rote oder das grüne Kleid tragen? Oder besser das schulterfreie Abendkleid mit der Schleife an der Seite? Sollte sie sich am Abend mit Freunden treffen oder vielleicht lieber mit ihrer Mutter in die Oper gehen? Welche Wohnung passte zu ihr? Die Wohnung am See, das Penthouse in der City oder doch ihre alte Wohnung, in der sie gerade lebte?

Ich habe nie für sie Entscheidungen getroffen. Ich habe mich bemüht, sie zu ermutigen, ihre eigenen Entscheidungen zu finden. Ganz ohne Kartenleger. Meine Befürchtungen, dass es sich dabei um vergebliche Liebesmüh handelte, wurden eines Tages leider bestätigt.

Nathalie: »Hallo Bibi, meine Süße, hier Nathalie. Du musst mir unbedingt helfen.«

Den Einstieg kannte ich, so begannen alle unsere Gespräche.

Ich: »Hallo Nathalie, ich grüße dich. Was kann ich für dich tun?«
Nathalie: »Ach Bibi, ich habe ganz große Sorgen … Ich bin pleite!«
Ich: »Oh, das hört sich nicht gut an.«

Ehrlich gesagt wunderte ich mich, dass sie nicht schon wesentlich früher pleitegegangen ist.

Nathalie: »Ja, es ist ganz furchtbar. Kannst du sehen, wie es jetzt bei mir weitergeht?«

Ich legte die Karten aus und sah sofort meine Vorahnung bestätigt.

Ich: »Ich möchte ganz aufrichtig zu dir sein. Ich sehe, dass du lange Zeit über deine Verhältnisse gelebt hast.«
Nathalie: »Ja, das stimmt.«

Sie klang nun ziemlich kleinlaut.

Ich: »Und ich sehe auch, dass du dir sehr häufig die Zukunft hast deuten lassen. Und das nicht nur bei mir ...«
Nathalie: »Stimmt.«

Mehr musste ich gar nicht nachsehen.

Nathalie: »Ich habe es wohl etwas übertrieben. Das Service-Team wollte mich schon sperren. Aber ich habe mir heute Geld von einer Freundin geborgt, das konnte ich dann einzahlen.«
Ich: »Vielleicht wäre es ja gar nicht so schlecht gewesen, wenn du mal eine Beratungspause eingelegt hättest und ...«
Nathalie: »Nein! Auf gar keinen Fall! Sonst treffe ich doch die falschen Entscheidungen!«

Ich schüttelte den Kopf, ließ ihre Aussage aber unkommentiert.

Ich: »Wie viel Geld hast du denn vertelefoniert?«
Nathalie: »500 Euro.«
Ich: »Das ist im Monat eine Menge Geld.«

Davon gehe ich einkaufen, dachte ich mir.

Nathalie: »Nee, nicht im Monat. Am Tag.«

Ich schluckte. Das musste ich erst einmal verdauen. Dass Nathalie es mit ihren Gesprächen übertrieb, war längst kein Geheimnis mehr für mich. Doch das hier war ein Fall von Esoterik-Sucht. Und um sich diese Sucht mit 500 Euro am Tag finanzieren zu können, müssten selbst erfolgreiche Sänger erst Tausende CDs verkaufen. Ich riet Nathalie letztendlich, ihre Kreditkarte als Zahlungsmittel zu löschen und ein monatliches Limit von 500 Euro auf ihrem Konto einzurichten. Ob sie sich je daran gehalten hat? Wer weiß. Bei mir jedenfalls rief sie nie wieder an. Nur eine E-Mail sollte ich nach ein paar Wochen noch bekommen. Sie enthielt ein einziges Wort: Danke.

Erfahrungsgemäß galt die ungeschriebene Regel: je fortgeschrittener der Abend, desto anstrengender die Kunden. Einer der Hauptgründe für mich, spätestens um 24 Uhr Feierabend zu machen. Alles, was nach Mitternacht anrief, war zu 99 Prozent hochgradig pathologisch. So auch der folgende Fall. Ich hatte es schlichtweg vergessen, mich vor Mitternacht auszuloggen.

Ich: »Einen wunderschönen guten Abend, hier ist Bianca.«

Ich versuchte, möglichst frisch zu klingen, damit der Anrufer nicht merkte, dass ich eigentlich schon auf dem Weg ins Bett war und auf ein kurzes Gespräch hoffte.

Anrufer: »Wer ist da? Bianca?«

O Jesus, der Anrufer lallte.

Ich: »Ja genau, hier ist die Bianca. Mit wem spreche ich denn?«
Anrufer: »Axel.«
Ich: »Hallo Axel. Was kann ich zu so später Stunde noch für dich tun?«
Anrufer: »Wegen der Claudia. Ich hau die kaputt.«
Ich: »Wen haust du kaputt?«
Anrufer: »DIE CLAUDIA!«
Ich: »Ach so … Aber du brauchst nicht so zu schreien, Axel, ich habe gute Ohren.«

Meine armen Nerven!

Anrufer: »Die hat mich so was von ausgenutzt. Und dafür muss sie jetzt bezahlen.«
Ich: »Ach Axel, andere Mütter haben doch auch schöne Töchter.«
Anrufer: »Nee, nee, nee. Die Claudia hat es zu doll getrieben. Die ist jetzt beim Dietmar, und das Auto, mit dem sie dahin gefahren ist, hab ich damals gekauft.«

Axel steckte sich eine Zigarette an.

Ich: »Das mag ja sein, aber deswegen musst du nicht gleich handgreiflich werden.«
Anrufer: »Du denkst, ich rede nur, was? Den Baseballschläger hab ich schon in der Hand. Glaubste mir nicht?«

Mach bloß keinen Quatsch Axel, dachte ich.

Ich: »Doch, natürlich glaube ich dir das.«

Im Flunkern war ich gut. Ich musste Axel unbedingt von schlimmen Dummheiten im Suff abhalten. Ich beschloss, ihn so lange wie möglich am Telefon zu halten, damit er seinen Plan vergaß.

Ich: »Was genau ist denn eigentlich passiert?«

Daraufhin lallte Axel mir seine Leidensgeschichte in den schiefsten Tönen und in keinem erkennbaren Zusammenhang ins Ohr. Ich sagte hin und wieder »Mhm« und »Aha« und gab vor, seinen Ausführungen folgen zu können. Nach einer guten halben Stunde bemerkte ich, dass er immer langsamer sprach und längere Denkpausen einlegte, bevor er weitererzählte. Und dann war es plötzlich still am anderen Ende der Leitung.

Ich: »Axel?«

Hatte er etwa aufgelegt?

Ich: »Hallo Axel? Bist du noch am Telefon?«

Ich horchte angestrengt in den Hörer und vernahm leise Atemgeräusche, gefolgt von zufriedenen Grunzlauten. Ich grinste in mich hinein und legte auf. Da hatten Claudia und Dietmar noch mal Schwein gehabt!
Zu meinen Kunden gehörten jedoch nicht nur betrun-

kene Männer und überforderte Sängerinnen. Mich riefen auch Ratsuchende an, bei denen eine esoterische Lebensberatung vollkommen abwegig erschien. Ein gutes Beispiel dafür war die Dame mit dem Namen Lebkuchenherz. Sie kam aus Russland, und drei Mal dürfen Sie raten, womit sie ihre Brötchen verdiente. Nein, falsch! Anastasia, alias Lebkuchenherz, war diplomierte Therapeutin. Ich erinnere mich noch genau an ihre ersten Sätze.

Lebkuchenherz: »Hallo, Anastasia spricht. Du wurdest mir vom Service-Team empfohlen. Ich sage dir gleich, ich will nur hören, was du in den Karten siehst und bloß keine Psycho-Scheiße.«

Aha. Das hätte sie mir eigentlich nicht extra sagen müssen.

Ich: »Hallo Anastasia, ich bin grundsätzlich sachlich und verspreche, dir nur zu sagen, was wirklich in den Karten liegt. Wonach soll ich bitte schauen?«

Lebkuchenherz: »Die Liebe. Was sonst? Wie bei allen anderen auch.«

Puh, Lebkuchenherz hatte es in sich. Ich mischte meine Karten und legte sie aus.

Ich: »Kann es sein, dass du verheiratet bist?«

Lebkuchenherz: »Ja. Das interessiert mich aber nicht. Wann kommt was Neues?«

Ich: »Ich sehe hier jemanden, den du bei einem gesellschaftlichen Anlass kennenlernst.«

Lebkuchenherz: »Ach! Kannst du auch sagen, was das für ein Mann ist?«

Anastasias Tonfall klang nun wesentlich freundlicher.

Ich: »Er ist Akademiker, scheint an einer Uni zu arbeiten und viel auf Reisen zu sein.«

Lebkuchenherz: »Gut. Und wann lerne ich diesen Mann kennen?«

Ich: »Das müsste noch in diesem Frühjahr passieren.«

Lebkuchenherz: »Erstaunlich. Das Gleiche hat mir der Astro-Andy auch schon gesagt. Kennt ihr zwei euch zufällig?«

Nun schien sie misstrauisch zu werden.

Ich: »Na, siehst du. Ich kann dir in jedem Fall versichern, dass ich diesen Astro-Andy nicht einmal kenne.«

Lebkuchen: »Okay. Dann werden wir sehen, was passiert. Ich sage dir Bescheid. Ciaoi.«

Ich legte auf. Es war zu hoffen, dass Anastasia die psychischen Erkrankungen ihrer eigenen Klienten nicht als Psycho-Scheiße betrachtete, sondern sie genauso wichtig nahm, wie ich ihr Bedürfnis nach männlicher Abwechslung. Kontaktiert hat sie mich zum Glück nie wieder.

Manche Kunden werde ich wohl meinen Lebtag nicht vergessen. Meistens waren das die liebenswerten Spinner, die in ihrem kleinen Mikrouniversum existieren, ohne dabei andere Menschen zu belangen. Zu dieser Kategorie gehörte auch Fritz, den ich bald heimlich in Arche Fritz umtaufte. Bei seinem ersten Anruf fragte er mich, ob er die Zusage für einen Bankkredit bekam. Ich konnte seine Frage positiv beantworten, und Fritz legte gut gelaunt auf.

Einige Wochen darauf rief er mich wieder an. Dieses Mal erzählte er mir von einem Stück Land mit einer Halle darauf in der Nähe von Görlitz, das er einem Bauern abkaufen wollte. Er bat mich für ihn in die Karten zu schauen, ob sein Vorhaben Aussicht auf Erfolg hatte. Fritz hatte Glück, auch dieses Mal konnte ich ihm eine gute Nachricht überbringen. Dann hörte ich sehr lange nichts mehr von ihm, bis er eines Tages erneut am Telefon war.

Ich: »Guten Tag, du sprichst mit Bianca. Was kann ich für dich tun?«

Arche Fritz: »Hallo Bianca, hier ist Fritz. Ich weiß nicht, ob du dich noch an mich erinnern kannst. Wir hatten schon mal telefoniert, wegen einem Kredit und dem Stück Land mit einer Halle, das ich einem Bauern abkaufen wollte.«

Natürlich konnte ich mich erinnern, schließlich hatte sich wie bei jedem Anruf automatisch das Kundenfenster geöffnet, in dem ich meine Notizen zu den vorherigen Gesprächen nachlesen konnte.

Ich: »Ja, ich erinnere mich. Was hast du heute auf dem Herzen?«

Arche Fritz: »Also, zuerst wollte ich dir sagen, dass du auch beim letzten Mal wieder recht hattest. Ich habe das Grundstück bekommen.«

Ich: »Das freut mich für dich.«

Ja, ich freute mich tatsächlich immer noch jedes Mal, wenn sich meine Prognosen bewahrheiteten.

Arche Fritz: »Heute geht es aber um was ganz anderes. Hoffentlich kannst du mir auch dabei helfen.«

Ich: »Ich bin ganz Ohr.«

Arche Fritz: »Also, ich lebe seit über einem Jahr von meiner Frau und unserer gemeinsamen Tochter Mandy getrennt. Und das macht mir schwer zu schaffen. Ich habe die beiden nie aufgegeben und möchte gerne das Vertrauen meiner Frau zurückgewinnen. Das ist auch der Grund, weswegen ich mir das Grundstück mit der Halle gekauft habe.«

Ich: »Aha?«

Der Zusammenhang zwischen Frau und Tochter und dem Grundstück mit der Halle war mir zwar schleierhaft, doch ich war mir sicher, dass Arche Fritz mich nicht dumm sterben lassen würde.

Arche Fritz: »Folgendes: Du weißt doch sicher, dass 2012 die Welt untergehen wird. Genauer gesagt am 21. Dezember 2012. Das haben ja die Mayas vorhergesagt. Und darauf bereite ich mich vor.«

Ich holte Luft. »I know that the world is NOT going to end in 2012 because Marty McFly travelled to 2015«, wäre mir fast mein Standardspruch herausgerutscht. Arche Fritz konnte mich aber gerade noch rechtzeitig davon abhalten, indem er fortfuhr, mich in seine geheimen Pläne für die drohende Apokalypse einzuweihen.

Arche Fritz: »Wenn die Flut kommt, dann möchte ich gewappnet sein, um mich und meine Familie zu retten. Deswegen habe ich letzte Woche angefangen, ein Hausboot in meiner Halle zu bauen. Und da wollte ich dich fragen, ob ich rechtzeitig mit dem Schiff fertig werde und meine Frau und Mandy vor dem Wasser retten kann.«

Gut, dass ich saß. Das konnte nicht Fritz' Ernst sein! Eine Arche! Jetzt bloß Haltung bewahren und ihm so nett wie möglich mitteilen, dass er seine Arche zwar für Wochenendfahrten auf der Lausitzer Neiße nutzen konnte, aber auf die Flut am 21. Dezember 2012 jedoch vergeblich warten würde.

Ich: »Fritz, jetzt hör mir mal gut zu. Ich finde das wirklich super, dass du dir so viele Gedanken um deine Familie machst und sogar extra ein Hausboot baust, aber die Flut, die du erwartest, die wird ganz sicher nicht kommen. Das ist lediglich eine Theorie von Endzeitanhängern.«

Meinen Anrufern, die sich häufig mit diesem Weltuntergangsthema befassten, und auch mir zuliebe hatte ich mich gründlich in die Materie eingelesen.

Arche Fritz: »Nein, nein, da irrst du dich. Die Mayas haben ganz klar gesagt, dass die Welt am 21.12.2012 versinken wird. Genau an diesem Tag endet doch auch ihr Kalender.«

Ich weiß nicht, wie es bei Ihnen ist, aber mein Kalender endet auch im Dezember – und zwar JEDES Jahr.

Ich: »Das stimmt so aber nicht ganz, Fritz. Die Mayas haben lediglich nicht ausgeschlossen, dass es irgendwann zu einer Apokalypse kommen könnte. Das ist keineswegs ein konkreter Hinweis auf das bevorstehende Ende der Welt am 21.12.2012. Das Einzige, was an dem Tag sicher endet, ist der dreizehnte Kalenderzyklus der Mayas. Selbst das ist nichts Dramatisches, denn danach geht es mit dem 14. Zyklus einfach weiter.«

Arche Fritz: »Dann war ja alles umsonst! Und ich krieg die Claudia und die Mandy nie mehr wieder!«

Arche Fritz war am Boden zerstört, dass der Weltuntergang nicht stattfinden würde.

Ich: »Mensch Fritz, das eine hat mit dem anderen doch nichts zu tun. Um deine Claudia und deine Tochter wiederzubekommen, muss nicht erst die Welt dran glauben. Die kriegst du laut Kartenbild nämlich eh wieder. Ganz ohne Flut und noch viel eher als erst im Dezember 2012.«

Arche Fritz: »Echt?«

Ich: »Ganz in echt!«

Arche Fritz: »Dann hätte ich den Kredit eigentlich gar nicht gebraucht und das Grundstück auch nicht?«

Ich: »So ist es!«

Und wie Sie sehen: Ich hatte recht. Die Welt steht noch.

»Wie klein die Welt doch ist«, sagen oft die Leute, wenn sie irgendwo in der Walachei auf fremde Menschen treffen, die ihre Nachbarn, Tanten, Schwippschwager oder den Pizzabäcker an der Ecke kennen. Es fallen dann Kommentare, wie »Das gibt's doch gar, dass du den kennst« oder »Was für ein Zufall!«. Dass mir solche Zufälle auch beim Kartenlegen auf der Line begegnen würden, daran hätte ich im Traum nicht gedacht – bis zu dem Samstagabend, an dem Uschi anrief.

Ich: »Guten Abend, Bianca ist am Telefon.«

Uschi: »Hallo Bianca, und hier ist die Uschi. Ich habe ein etwas heikles Anliegen, und deswegen möchte ich vorab fragen, ob alles, worüber wir sprechen, auch wirklich unter uns bleibt?«

Ich: »Natürlich, Uschi. Du bist absolut anonym, und ich habe Schweigepflicht.«

Uschi: »Da bin ich aber erleichtert. Es geht nämlich um Folgendes: Ich bin in einen Mann verliebt, der durch seine Arbeit in der Öffentlichkeit steht, und ich habe heute erfahren, dass ich schwanger von ihm bin. Jetzt weiß ich aber, dass Hugo, so heißt er, einen neuen Vertrag beim Hamburger SV unterschrieben hat, und würde deshalb gerne wissen, wie es mit uns weitergeht.«

Ich: »Oh, ein Fußballer?«

Uschi: »Ja, genau. Hamburg ist sehr weit weg von meinem Wohnort, also weiß ich nicht, ob er sich um mich und das Kind kümmern oder mich sitzen lassen würde.«

Ich: »Einen Moment, ich schaue sofort in die Karten.«

Uschi: »Ich mache mir solche Sorgen, seitdem ich das mit der Schwangerschaft weiß.«

Ich: »So, die Karten liegen. Es wird mir kein Umzug für dich und das Kind gezeigt. Dein Freund wird dich auf jeden Fall finanziell unterstützen und dich auch nicht hängen lassen. An eurer Beziehung wird sich durch den neuen Vertrag und die Schwangerschaft nichts ändern, Hugo wird zwischen Hamburg und deinem Wohnort pendeln. Du brauchst dir also keine Sorgen zu machen.«

Uschi: »Ach, da bin ich froh. Danke für deine Hilfe, liebe Bianca, ich bin so erleichtert!«

Ich freute mich für Uschi. Nachdem wir aufgelegt hatten, fiel mein Blick noch einmal auf Uschis Kartenbild. Ich entdeckte plötzlich eine entscheidende Kleinigkeit, die ich im Eifer des Gefechts übersehen hatte. Ich sah an der Seite dieses Fußballers nicht nur Uschi, sondern noch zwei andere Damen. Sollte ich Uschi eine E-Mail schreiben und sie darüber nachträglich informieren? Nach reiflicher Überlegung entschied ich mich dagegen. Schließlich war sie schwanger, und da war jede Aufregung Gift. Und wer wusste schon, ob diese beiden Frauen je eine wirkliche Gefahr darstellen würden?

Ich wurde derart überhäuft von neuen Anfragen, dass ich mein Gespräch mit Uschi bald vergessen hatte. Sie fiel mir erst wieder ein, als mich ein dreiviertel Jahr später Mariola anrief.

Mariola: »Hallo Bianca. Mariola aus Hamburg ist am Telefon. Wir haben, glaube ich, noch nicht miteinander gesprochen.«

Ich: »Hallo Mariola, freut mich, dich kennenzulernen. Was kann ich für dich tun?«

Mariola: »Schau doch bitte mal auf meinen Freund. Ich bin von ihm schwanger. Er weiß es noch nicht, und ich möchte gerne wissen, wie er auf die Nachricht reagieren wird.«

Ich: »Ja, gerne. Sagst du mir seinen Namen und wie ihr euch kennengelernt habt? Ich lege dann schon mal das Kartenbild.«

Mariola: »Er heißt Hugo, ist 28 Jahre alt, und wir haben uns beim Hamburger SV kennengelernt, wo ich im Büro arbeite.«

Ich stutzte. Diese Geschichte kannte ich doch irgendwoher.

Ich: »Laut meiner Karten ist er bereits Vater ...«

Mariola: »Ja, seine Freundin hat letzten Monat ein Kind bekommen.«

Ich: »Sagtest du nicht, dass du seine Freundin bist?«

Mariola: »Ja, bin ich auch. Die andere wohnt nicht hier. Die lebt in Dortmund, wo er vorher Fußball gespielt hat.«

Ja, klar! Jetzt fiel der Groschen. Sie sprach von Hugo, und zwar von Uschis Hugo. Was für ein Mist. Ich durfte Mariola auf gar keinen Fall erzählen, dass Hugos Freundin Uschi ebenfalls bei mir Beratungen in Anspruch genommen hatte.

Ich: »Also. Hugo wird sehr überrascht sein, von deiner Schwangerschaft zu erfahren. Ich sehe, dass er sich durchaus um dich und das Kind kümmern wird. Allerdings sehe ich nicht, dass er eure Beziehung offiziell machen wird.«

Mariola: »Bleibt er mit der anderen zusammen?«
Ich: »Laut Karten, ja.«
Mariola: »Hm … Schlecht. Kann ich dagegen irgendetwas tun?«

Die Frage fand ich hochgradig unverschämt. Da moralische Belehrungen meine Aufgabe jedoch nicht waren, riss ich mich zusammen und blieb diplomatisch.

Ich: »Von den Karten wird mir hierzu nichts angezeigt.«
Mariola: »Gut, dann danke ich dir und wünsche dir noch einen guten Abend.«
Ich: »Das wünsche ich dir auch und vor allem alles Gute für deine Schwangerschaft.«

Das Gespräch stimmte mich nachdenklich. Ich nahm mir vor, noch vorsichtiger bei meinen Beratungen zu sein, noch genauer darauf zu achten, dass ich die Privatsphäre anderer Personen schützte, wenngleich dies natürlich bei intimen Fragen zum Thema Liebesleben fast unmöglich war. Und ich fragte mich, ob Mariola tatsächlich etwas gegen die Beziehung von Uschi und Hugo aushecken würde.

Es dauerte nicht lange, da bekam ich eine Antwort. Nein, weder Uschi noch Mariola kontaktierten mich. Beim Bezahlen an der Tankstelle stach mir folgende Titelschlagzeile einer populären bundesweiten Tageszeitung ins Auge: »Mariola (24): Ich bin die heimliche Geliebte von Hamburg-Hugo«, und kleiner darunter »Im fünften Monat schwanger vom Torschützenkönig. Was sagt seine Uschi dazu?«

Es ist schon sonderbar, wenn man Menschen aus dem Fernsehen »kennt« und sie dann plötzlich am Telefon hat, um sie bei allen wichtigen und unwichtigen Belangen ihres Lebens zu beraten. Ich schaute mir gerne die Sendungen auf dem Eso-Sender an. Besonders als Einschlafhilfe waren sie nicht zu toppen. So sah ich meiner bunten Kollegenschar bei ihrer Arbeit zu und konnte mir ein persönliches Bild von vielen Beratern machen. Besonders klasse fand ich die Sendungen mit Suleika, einem Engelmedium, die über große Entertainerqualitäten verfügte. Sie beriet die Anrufer nicht nur live im Fernsehen, sondern führte hin und wieder Bauchtänze vor und diskutierte angeregt mit den (angeblich) anwesenden Engeln, als würde sie bei einem Kaffeeklatsch mit guten Freunden sitzen.

Umso überraschter war ich, als ich eines Tages Suleika an der Strippe hatte.

Ich: »Guten Abend. Hier ist die Beraterin Bianca.«
Suleika: »Guten Abend Bianca, hier sind die Beraterin Suleika und der Erzengel Michael.«
Ich: »Äh ... Ach, hallo! Was kann ich für dich ... äh, für euch tun?«

Mit diesem Doppelpack hatte ich definitiv nicht gerechnet und war ein wenig überrumpelt.

Suleika: »Andromeda hat dich mir empfohlen. Sie meinte, du wärst gut – und Erzengel Michael teilt ihre Ansicht.«
Ich: »Aha? Echt?«

Das brachte mich vollends aus dem Konzept. Jetzt empfahlen mich schon die Engel. Und überhaupt hatte Andromeda mich bislang noch nie empfohlen, und es sah ihr auch überhaupt nicht ähnlich, so etwas für Berater zu tun, die nicht in ihrem Team waren. Es gab nur eine plausible Erklärung: Andromeda war mit Suleika überfordert und wollte sie an mich loswerden.

Suleika: »Schau doch bei mir mal auf die Liebe und sage mir, was du siehst.«

Suleikas Kartenbild unterschied sich kaum von dem der anderen Kunden. Auch sie war in einen Mann verliebt, der eine feste Partnerin hatte. Der Klassiker.

Ich: »Du weißt schon, dass der Mann, um den es geht, in einer Partnerschaft ist?«
Suleika: »Und in was für einer …«

Suleika kicherte wie eine Hexe und sprach dann mit einer hellen Kinderstimme weiter.

Suleika: »Liebes Kind, ich bin Erzengel Michael. Ich spreche zu dir, damit du deinen Begriff von Liebe in Licht verwandeln kannst und damit die gesamte Schöpfung umarmst. Zur wahren und aufrichtigen Liebe gehört die Liebe zur Natur mit all ihren Lebewesen. Aber am wichtigsten ist die Liebe deiner Selbst, denn ohne sie kannst du weder das Licht in die Welt tragen noch das Herz eines Menschen berühren. Betrachte dein Leben von oben, sei bereit, das große

Ganze anzunehmen, und verrenne dich nicht in Kleinigkeiten. Amen.«

Was zum Teufel sollte das bedeuten?

Suleika: »Da hast du es gehört. So geht das mit Erzengel Michael den ganzen Tag.«
Ich: »Er meint es bestimmt nur gut mit dir.«

Ich hatte zwar kein Wort von Michaels Message verstanden, wollte mir das aber nicht anmerken lassen. Auch wenn ich nicht glauben wollte, gerade die Botschaft eines Engels gehört zu haben. Solche Einlagen hatte ich schon zur Genüge bei Suleikas TV-Auftritten bewundern können und fand sie mehr als gewöhnungsbedürftig.

Suleika: »Zurück zum Thema. Was hast du für eine Botschaft für mich? Wann ist der Mann endlich bei mir?«
Ich: »Ich sehe bei diesem Mann leider keine Trennung, sodass ich in den Karten nicht angezeigt bekomme, dass er irgendwann bei dir sein wird.«

Das »leider« war gelogen, der Rest war wahr. Der Typ konnte von Glück reden, dass ihm das lamentierende Doppelpack erspart blieb.

Suleika: »Und wieso kommt er nicht zu mir?«

Suleikas tadelnder Tonfall sollte mich wahrscheinlich einschüchtern, aber da konnte sie lange drauf warten.

Ich: »Weil er, wie ich bereits erwähnte, in einer festen Partnerschaft ist. Sogar in einer äußerst glücklichen Partnerschaft.«

Suleika: »Nein, das kann nicht sein. Guck da bitte noch mal genauer drauf. Du vertust dich.«

Jetzt fing Suleika an, mich mit ihrer kindlichen Art zu nerven. Ich wusste ganz genau, was ich in den Karten gesehen hatte, und wollte das Gespräch nur noch beenden.

Ich: »Sorry, Suleika. Die Karten zeigen mir, wie es ist, und nicht, wie du es am liebsten hättest.«

Suleika: »Du scheinst doch nicht so gut zu sein, wie Andromeda gesagt hat.«

»Und Erzengel Michael«, wollte ich noch hinzufügen, doch da hatte sie schon aufgelegt.

10. KAPITEL

36 Karten für ein Halleluja

Die Grenzen zwischen Religion und Esoterik sind fließend. Findet ein selbst ernannter Guru für seine Lehre genügend Jünger, kann durchaus eine neue Religion entstehen. Der einzige Unterschied zwischen Esoterik und Religion ist meiner Meinung nach einfach nur der, dass religiöse Lehren über die größere Anzahl Gläubiger verfügen. Doch die Gurus sind auf dem Vormarsch und bahnen sich dank des Internets beharrlich ihren Weg, verfassen im großen Umfang ihre fragwürdigen Theorien und Erleuchtungen, die sie auf Großveranstaltungen am Wochenende, als Seminar oder in Buchform an ihre Jünger bringen. Nichts gibt es, was nicht behauptet und in einem abenteuerlichen Eintopf zusammengewürfelt werden könnte und keine Eso-Freunde findet.

Woher kommt dieser Trend? Woher die Bereitwilligkeit der Menschen, jede noch so absurde Theorie zu glauben? Michael Fuß, Leiter an der Päpstlichen Universität Angelicum in Rom für den noch relativ jungen Lehrstuhl für nichtkonventionelle Religionen und Spiritualitätsformen, hat dafür eine einfache Erklärung: »Seit dem Bruch der 68er-Generation sind die Menschen auf der Suche nach einer neuen Identität. Statt Religiosität ist heute vor allem Ausgeglichenheit gefragt: Ruhe, Natur und Meditation. Die Esoterik reagiert auf diese Bedürfnisse und findet deshalb so starken Zuspruch. Sie entwickelt sich zu einer neuen Weltreligion.«[1]

Mit der Gründung der Astro-Hotlines hat sich ein weiterer vielversprechender Markt in der wunderbaren Esoterikwelt etabliert, den sich ein jeder ganz nach Belieben völlig frei gestalten kann. Aus den Puzzleteilchen eingebildeter oder tatsächlicher Lehren basteln sich Astro-Anhänger ihre individuelle Weltanschauung zusammen, ihr ganz persönliches Paralleluniversum, dessen Grundpfeiler das »Schwingen« und das »Fließen« sind. Die Astro-Berater bestätigen den spirituellen Dauerbekifften gegen ordentlich Bares jederzeit gerne die Fortschritte auf dem langen Weg dorthin

Dass sich Religiosität und Esoterik keineswegs in die Quere kommen müssen, beweisen die folgenden Telefonate auf der Astro-Line.

Anrufer: »Ja, hallo, hier ist der Cornelius. Legst du Karten?«
Ich: »Ja, ich lege Lenormand-Karten. Steht übrigens auch alles in meinem Profil.«

Warum lesen die Leute eigentlich nie mein Profil vor ihrem Anruf?

Anrufer: »Dann ist ja gut. Ich möchte wissen, ob ich mit der Viktoria zusammenkomme.«
Ich: »In den Karten liegt, dass ihr zusammenkommt. Ihr wart schon mal liiert, oder?«

---

[1] siehe http://www.zeit.de/2006/52/P-Michael-Fu

Anrufer: »Genau. Wie lange dauert das noch?«
Ich: »Als Zeitkarte liegt die Fünf dabei.«
Anrufer: »Okay. Danke dir. Tschüss.«
Ich: »Tschüss.«

Zwei Tage später.

Anrufer: »Hallo, hier Cornelius. Du legst doch Karten?«

Jawohl, immer noch!

Ich: »Ja.«
Anrufer: »Schau doch mal, ob ich mit meiner Herzensdame zusammenkomme.«

Warum fragte er mich nach zwei Tagen genau das Gleiche?
Dafür legte ich jetzt nicht noch einmal ein Kartenbild.

Ich: »Ihr kommt wieder zusammen.«
Anrufer: »Das ging jetzt aber schnell.«
Ich: »Bin eben von der schnellen Truppe.«
Anrufer: »Aha … Und wann wird das passieren?«

Ich überlegte kurz, welche Zeitkarte er beim letzten Mal
hatte.

Ich: »Der Zeitraum wird mir mit einer Fünf angegeben.«
Anrufer: »Und was heißt das ganz genau?«
Ich: »Das bedeutet, dass das Ereignis in fünf Stunden,
fünf Tagen, fünf Wochen, fünf Monaten oder fünf Jahren eintreffen kann.«

Schweigen. Im Hintergrund hörte ich Tastenklackern.

Ich: »Hallo?«
Anrufer: »Ja, Moment noch. Ich bin nicht so schnell.«
Ich: »Schreibst du mit?«
Anrufer: »Mache ich immer.«
Ich: »Warum? Kannst du dir die Aussagen nicht merken?«
Anrufer: »Nee, ist zu viel.«

»Wie viele Kartenleger rufst du denn so an?«, lag es mir auf der Zunge.

Ich: »Aha. Kann ich sonst noch etwas für dich tun?«
Anrufer: »Wie wird denn meine Abschlussarbeit?«
Ich: »Du studierst?«
Anrufer: »Ja, im letzten Semester. Also, wie wird die Abschlussarbeit?«
Ich: »Moment bitte.«

Jetzt legte ich doch ein neues Kartenbild.

Ich: »Sieht sehr gut aus. Du wirst bestehen.«
Anrufer: »Super!«
Ich: »Was studierst du denn?«
Anrufer: »Theologie.«
Ich: »Und dann rufst du bei einer Kartenlegerin an?«
Anrufer: »Du, ich muss jetzt Schluss machen. Wird sonst zu teuer. Tschüss.«

Weg war er.

Acht Tage später.

Anrufer: »Cornelius hier. Komme ich mit meiner Herzensdame zusammen?«

Boah! Ja-haaa, immer noch!!!

Ich: »Hallo Cornelius. Meine Antwort lautet immer noch Ja.«
Anrufer: »Du hast jetzt aber keine Karten gelegt. Ich habe nichts gehört.«

Haarscharf kombiniert, Cornelius!

Ich: »Brauche ich auch nicht. Ich kenne ja die Antwort.«

Klack, klack, klack. Cornelius tippte wie ein Weltmeister.

Anrufer: »Und wann kann ich deine Aussage überprüfen?«
Ich: »Wenn sie eingetroffen ist?!«
Anrufer: »Wann wird das sein?«

ARGH!!!!

Ich (sanftmütig): »Immer noch nach fünf Stunden, fünf Tagen, fünf Wochen, fünf Monaten oder fünf Jahren.«

Cornelius haute munter weiter in die Tasten.

Ich: »Schreibst du das jetzt wieder mit?«

Anrufer: »Ja.«

Ich: »Wieso? Das hast du doch letztes Mal schon aufgeschrieben!«

Anrufer: »Ich schreibe das jedes Mal mit dem aktuellen Datum in einer Datei neu auf, damit ich nichts durcheinanderbringe und alles auswerten kann.«

Ich: »Äh ... Auswerten?«

Anrufer: »Ja, ich teste euer Portal und die Berater. Jeder Berater hat eine eigene Datei, in der ich mir die Aussagen notiere.«

Ich: »Das ist aber ein ziemlich kostspieliger Test.«

Anrufer: »Dient als Recherche für meine Abschlussarbeit.«

Langsam dämmerte es mir.

Anrufer: »Die dreht sich nämlich um die Zuverlässigkeit der Prognosen von Kartenlegern.«

Oder um das perfekte Alibi für einen Theologie-Studenten, der seine Liebeskummeranrufe bei Astro-Hotlines vor dem lieben Gott rechtfertigen wollte.

Manchmal riefen mich Schäfchen an, die Herde und Hirte vor langer Zeit verloren hatten. Vielleicht auch den Verstand.

Anruferin: »Äh, hallo?«

Ich: »Hallo, hier ist die Bianca.«

Anruferin: »Ich hab morgen Geburtstag. Geh ich danach immer noch zu unserer Kirche?«

Komische Frage. Und ihren Namen schien sie auch nicht verraten zu wollen. Nun gut …

Ich: »Ja, aber das kannst du doch selbst entscheiden. Laut meinen Karten fühlst du dich dort sehr wohl und bist mit der Kirche sehr zufrieden.«

Anruferin: »Ja. Aber dat is so 'ne Sekte, sagen die Außenstehenden. Obwohl dat eigentlich ganz harmlos is.«

Puh! Harmlose Sekten hatten sich bei mir bislang nicht vorgestellt.

Ich: »Okay. Mach dich nur nicht unglücklich!«

Anruferin: »Nee, nee. Mach ich nicht. Aber kommt da wer, morgen?«

Ich: »Meinst du Gäste? Ja, es kommen welche. Du kannst dir ja Kuchen von ihnen wünschen, dann hast du nicht so viel Arbeit.«

Anruferin: »Nee, das mein' ich nicht! Ich will wissen, ob da Jesus kommt!«

Ich: »Morgen?«

Anruferin: »Ja.«

Klar! Und der bringt dann eine selbst gebackene Torte von der heiligen Mutter Gottes mit.

Ich: »Äh …?«

Anruferin: »Na, ob der kommt und dann in mich fährt!«

Ich: »Also, öhm …«

Anruferin: »Na ja, egal. Wie geht es meiner Katze?«

Diese Anruferin machte mich fertig! Und wie zur Hölle, kam das Katzentier ins Bild?

Ich: »Du, ich sehe hier keine Katze. Ist sie dir vielleicht entlaufen?«
Anruferin: »Nee, die ist tot.«
Ich: »Ja, also …«
Anruferin: »Seit 32 Jahren.«

Da wurde ja der Hund in der Pfanne verrückt.

Ich: »Na, wenn du heute noch an sie denkst, muss sie dir ja ganz schön viel gegeben haben. Dann geht es ihr sicherlich gut.«

Ich fühlte mich langsam überfordert.

Anruferin: »Hoffentlich nicht! Habe das Mistviech nämlich im See ertränkt.«

Schluck. Langsam stieg Verzweiflung in mir hoch. Bitte leg jetzt auf, damit Jesus endlich kommen kann!

Anruferin: »Ach ja, lern ich denn 'nen Mann kennen?«

Ja, Jesus kommt. Aber du musst jetzt ganz schnell auflegen, damit du ihn nicht verpasst!

Ich: »Ähm … Gehst du denn raus? Außerhalb deiner Gruppe?«
Anruferin: »In den Supermarkt!«

Die Öffentlichkeit war also nicht vor der Dame sicher.

Ich: »Ja, aber da kann man doch so schlecht neue Leute
kennenlernen! Vielleicht schaust du mal im Internet
oder in einem Verein, machst einen Kurs oder …«
Anruferin: »Nee, ich geh inne Kneipe.«

Nach diesem Gespräch gehe ich da definitiv auch hin!

Ich: »Sind da denn nette Männer?!«
Anruferin: »Nee, nur besoffene Alkis.«
Ich (zusehends verwirrt): »Und was machst du dann da?«
Anruferin: »Saufen! Schnaps ist da echt billig!«
Ich: »Öh …«

Es wollen sich keine Worte mehr in meinem Munde bil-
den.

Anruferin: »Und, kommt Jesus morgen?«

Nee du, das wird sich selbst Jesus nicht antun wollen.

Ich: »Ähm …«
Anruferin: »Toll! Ich freu mich!«

Die Anruferin legt auf und ich gehe SOFORT offline.

11. KAPITEL

Lebst du noch, oder wünschst du schon?

In Deutschland gibt es unzählige Kartendeuter. Tippt man in die Google-Suchmaschine das Wort »Kartenleger« ein, erhält man rund 331.000 Ergebnisse. 2500 geprüfte Lebensberater bieten allein auf dem bekanntesten deutschen Esoterik-Portal ihre Dienste an. Wie viele Kartenleger, Hellseher, Astrologen und Medien es tatsächlich gibt, lässt sich allerdings nicht sicher sagen, es scheinen keine Statistiken darüber zu existieren. Was vermutlich damit zusammenhängt, dass die meisten kein Gewerbe anmelden. Wozu auch? Die Nachfrage an esoterischer Lebensberatung ist immens, und die meisten Kunden melden sich aufgrund persönlicher Empfehlungen.

Ein Blick auf die Geschäftsstatistik von Deutschlands größter Astro-Line beweist, wie unglaublich erfolgreich diese Branche ist: Besagte Hotline erwirtschaftete im Jahr 2007 einen Umsatz von 60 Millionen Euro und verfügte bereits 2009 über 1,3 Millionen registrierte Kunden. Tendenz steigend.[1]

Der Heidelberger Zukunftsforscher Eike Wenzel schätzt sogar, dass die Esoterik-Branche aktuell allein in Deutschland jährlich circa 25 Milliarden Euro Umsatz

---

[1] siehe http://www.welt.de/wirtschaft/article4179476/So-laeuft-die-Abzocke-mit-der-Zukunftsangst.html

macht und dass diese Zahl in den nächsten Jahren auf bis zu 35 Milliarden steigen wird.[1] Das können die 2500 offiziell registrierten Berater nicht alleine schaffen. Selbst dann nicht, wenn sie 24 Stunden am Tag durchtelefonieren würden.

Zum Vergleich: Laut Spiegel Online erzielte Aldi Nord mit seinen gesamten Filialen im Jahr 2009 ebenfalls einen Umsatz von 25 Milliarden Euro. Die umsatzstärkste deutsche Lebensmittelgruppe setzt also genauso viel um wie das Geschäft mit der Spiritualität.

Wobei ich der Ansicht bin, dass der wirkliche Jahresumsatz für esoterische Dienstleistungen noch wesentlich höher liegen müsste, wenn man bedenkt, wie viele Kartenleger sich im stillen Kämmerlein ein Taschengeld nebenher verdienen. Wie ich darauf komme? Ganz einfach: Ich höre meinen Kunden zu. Meistens sind es Frauen zwischen 35 und 45 Jahren, die die Kartenlegerei für sich entdecken und im Bekannten- und Freundeskreis anfangen zu praktizieren. Später landen sie dann häufig auch auf einer Line. Genau wie ich.

Falls Sie sich fragen, wie die Menschen dazu kommen, eine so hohe Summe für Esoterik auszugeben: Dahinter verbergen sich wohldurchdachte, höchst effiziente Marketingstrategien. Lassen Sie uns dazu einen Blick hinter die gut verschlossenen Türen der Astro-Lines werfen.

---

[1] http://www.zeit.de/2010/28/Esoterik

1. Der Einstieg

Jedem Neukunden wird nach seiner Registrierung (Name, Anschrift, Geburtsdatum, Telefonnummer, E-Mail-Adresse, Bankverbindung) ein kostenloses, zeitlich begrenztes, telefonisches Erstgespräch (oder Chat), ein sogenanntes Gratisgespräch, zum Kennenlernen auf der Plattform geschenkt. Danach werden den Kunden meistens weitere Gespräche zum halben Preis für die nächsten 14 Tage angeboten. Viele Ratsuchende machen davon Gebrauch, denn nach dem Gratisgespräch ist ihre Neugier geweckt. Erfahrungsgemäß ergeben sich danach weitere Fragen, und dem Angebot, sich in den kommenden zwei Wochen mit fünfzig Prozent Rabatt beraten zu lassen, können nur die wenigsten widerstehen.

2. Die Beratersuche

Ein besonderer Reiz besteht für den Anrufer darin, dass er nach seinem Erstgespräch – wofür nur ausgesuchte Berater zur Verfügung stehen – auf die gesamte verlockende Palette an Zukunftsdeutung zugreifen kann: Kartenlegen und Tarot, Hellsehen und Wahrsagen, Astrologie und Horoskope sowie Medium und Channeling. Durch das unwiderstehlich breite Angebot testen die meisten Kunden im Schnitt bis zu zehn Berater in den ersten beiden Wochen.

3. Das Bewertungsprinzip

Jedes Gespräch ab einer Länge von zehn Minuten kann von den Anrufern mit ein bis fünf Sternen bewertet werden, wobei ein Stern die schlechteste und fünf Sterne die beste Bewertung darstellt. Zusätzlich hat der Kunde die Möglichkeit, über seine persönlichen Erfahrungen mit dem jeweiligen Berater zu berichten und ihn entweder zu empfehlen oder von einem Anruf abzuraten. Häufig wecken gerade diese subjektiven Beurteilungen die Neugier der anderen Ratsuchenden. Besonders das Zauberwörtchen »eingetroffen« sorgt für ein hohes Anrufaufkommen eines Lebensberaters.

4. Das Astro-Magazin

Jeder registrierte Kunde erhält von den größeren Esoterik-Portalen in regelmäßigen Abständen ein kostenloses Kundenmagazin per Post. Neben Artikeln zu esoterischen Themen befinden sich darin diverse Anzeigen von Lebensberatern mit prägnanten Werbetexten und natürlich positiven Kundenbewertungen.

5. Die Sonderaktionen

Astro-Portale informieren ihre Kunden zudem per E-Mail oder Post über aktuelle Sonderaktionen wie zum Beispiel Happy Hours, Halbpreisaktionen oder 99-Cent-Specials. Anrufer, die über einen bestimmten Zeitraum keine

Beratungen in Anspruch genommen haben, erhalten darüber hinaus Schecks mit einem Minutenkontingent, das sie kostenfrei bis zu einem Tag X abtelefonieren können. Diese Marketingstrategie soll inaktive Ratsuchende dazu animieren, wieder zum Telefonhörer zu greifen. Tun sie dies nicht, klingelt bald ihr Telefon, und ein Servicemitarbeiter der entsprechenden Line wird sich erkundigen, weswegen der Kunde seine Gratisminuten nicht genutzt hat.

So einfach geht den Astro-Portalen also kein Kunde durch die Lappen. Der Kunde wird nach allen Regeln der Kunst zum Anrufen verführt. Zumal die Kundenberater dieser Lines stets überaus freundlich um den Anrufer bemüht sind und ihm das Gefühl vermitteln, ein persönliches Interesse an seinem Befinden zu besitzen. Und es gibt Hotline-Mitarbeiter, die von morgens bis abends nichts anderes tun, als Ratsuchenden hinterherzutelefonieren, die kürzlich eine schlechte Bewertung abgegeben haben. Neben den Versuchen, sie davon zu überzeugen, ihre schlechte Beurteilung rückgängig zu machen und sie als potenzielle Kunden zu halten, hören sich die freundlichen Telefonisten geduldig ohne Zeitlimit die persönlichen Probleme an, sodass die meisten am Ende versöhnlich gestimmt sind, die negative Bewertung löschen und sich weiterhin auf dem Portal die Zukunft vorhersagen lassen. Psychologisch sehr effektiv: Die Kunden erhalten in dem Moment gratis genau das, wofür sie sonst viel Geld bezahlen – Aufmerksamkeit.

Nicht nur Hilfesuchende erhalten E-Mails von den Astro-Portalen. Auch die Berater werden per E-Mail über Preisaktionen, Auszahlungsstaffelungen, Neusortierung der Rankings und Aktualisierungen der internen schwarzen Listen informiert.

Zu Beginn meiner Tätigkeit existierten diese schwarzen Listen noch nicht. Erst nachdem der Astro-Markt begann, enorm zu boomen, wurden Listen eingeführt, auf denen genau beschrieben wird, was den Mitarbeitern strengstens untersagt ist. In der Theorie sind diese Punkte gut gemeint und nachvollziehbar, in der Praxis allerdings schwer umsetzbar. Von dem – vergeblichen – Verbot, private Kontaktdaten zu übermitteln, habe ich bereits berichtet. Des Weiteren soll man den Kunden keine Versprechungen machen, keine gesundheitlichen Beratungen durchführen, schwarze Magie und Zauberrituale unterlassen und Ähnliches mehr.

Die Grenzen dessen, was in den Bereich der Hexerei fällt und was nicht, sind dabei fließend. Es gibt immer wieder neue Trends und Methoden in der spirituellen Beratung, die dazu dienen, sich interessanter zu machen. Einige Lebensberater bieten ihren Kunden beispielsweise die Zukunftsdeutung mittels Hydromantie an, die sogenannte Wasserschau. Anhand der Wasserspiegelung in einer mit Wasser gefüllten Schüssel werden dem Hellseher dabei Einblicke in das Leben und Schicksal seiner Kunden ermöglicht. Ein weiterer Trend sind die sogenannten Aura-Readings, während denen der Berater angeblich die Aura des Ratsuchenden mit ihren Färbungen und Rissen wahrnimmt und daraus seine körperlichen und seelischen Probleme abliest.

Ich habe ehrlich gesagt meine Zweifel, ob bei diesen Beratungstechniken tatsächlich Bilder gesehen werden können oder ob es sich dabei nicht eher um die persönlichen Halluzinationen des jeweiligen Anbieters handelt.

Ebenso zweifelhaft ist meiner Meinung nach die Lehre des positiven Denkens und Wünschens, wie sie am erfolgreichsten von Rhonda Byrne in ihrem Bestseller *The Secret* propagiert wird. Dieser Lehre liegt das angeblich wissenschaftlich bewiesene »Law of attraction« (Gesetz der Anziehung) zugrunde, welches besagt, dass Gedanken und Gefühle magnetisch alles anziehen, was Sie sich wünschen. Anhand seiner Gedanken kann man also die Wirklichkeit erschaffen? So einfach ist das?

Sicher, eine positive Grundeinstellung hat durchaus einen gewissen Effekt auf unser Leben, doch wenn es dieses Gesetz tatsächlich geben würde, dann wäre ich schon längst eine Prinzessin oder eine gute Fee, denn das habe ich mir als Kind wahrhaftig gewünscht und bildlich vorgestellt. Und was ist mit den Menschen, die an Hunger leiden müssen und Naturkatastrophen zum Opfer fallen, haben sie etwa ihr Unglück durch die falschen Gedanken erschaffen? So lautet nämlich die Erklärung von *The Secret*, wenn sich der Erfolg partout nicht einstellen will bei den Anhängern. Dann haben diese nicht richtig gedacht und geglaubt. Und selbst kleinste Zweifel können zum Misserfolg führen. Wunderbarerweise gibt es für diese Fälle ganz bestimmt das passende Buch, den passenden Film oder den perfekten Workshop im käuflichen Angebot. Ähnlich verhält es sich mit den Bestseller-Büchern *Bestellungen beim Universum* von Bärbel Mohr und *Erfolgreich wünschen* von Pierre Franckh, die sich am »Gesetz der Resonanz« bedienen. Vieles daran riecht leider viel eher nach Kommerz als nach uralten Geheimnissen.

Dennoch sind so viele Menschen von diesen Konzepten überzeugt, dass ich während meiner Arbeit auf der Line unzählige Anrufe dazu erhielt. Jedes Mal wurde ich gefragt, was der jeweilige Anrufer falsch machen würde, da das Gewünschte immer noch nicht eingetroffen sei.

Eine dieser »Profi-Wünscher« war Michaela, eine Allgemeinmedizinerin aus München. Michaela war ein großer Fan der Bücher von Byrne, Mohr und Franckh. Sie hatte sie nicht nur gelesen, sondern inhaliert und hatte auch schon an einem Wunsch-Workshop teilgenommen. Die Telefonate mit ihr waren angenehm, stets war sie gut gelaunt und stellte viele Fragen. Eines Abends rief Michaela an und war bedrückt.

Michaela: »Hallo Bianca, ich bin's, Michaela.«

Ich: »Hallo Michaela. Schön, dass du anrufst. Was kann ich für dich tun?«

Michaela: »Ich bin heute irgendwie total down.«

Ich: »Wie kommt das denn? So kenne ich dich ja gar nicht!«

Michaela: »Ich mich auch nicht, und dabei war das Wochenende auch echt toll. Ich war zum zweiten Mal bei einem Wunsch-Seminar, auf das ich mich wahnsinnig gefreut hatte. Doch jetzt sind Dinge passiert, die mich an mir zweifeln lassen.«

Ich: »Was ist denn passiert?«

Michaela: »Ich habe auf dem Seminar eine Frau kennengelernt, mit der ich mich auf Anhieb gut verstanden habe. Sie war schon auf mehreren Wunsch-Seminaren. Gerade haben wir lange telefoniert, und das Gespräch hat mir überhaupt nicht gutgetan. Barbara, so heißt die

Frau, hat mir davon erzählt, was sich in ihrem Leben alles durch das richtige Wünschen verändert hat und wie glücklich sie seitdem ist. Bitte verstehe mich nicht falsch, ich gönne ihr das wirklich von Herzen, aber ich frage mich, was ich falsch mache, denn bei mir hat sich bislang gar nichts getan. Mein Ex ist immer noch mit seinen wechselnden Affären beschäftigt und hat den Weg nicht ansatzweise in meine Richtung eingeschlagen. Kannst du mir bitte sagen, was ich falsch mache?«

Ich: »Ich glaube, der größte Fehler, den du machst, ist zu denken, dass du etwas falsch machst. Natürlich beeinflussen unsere Gedanken unser Leben, aber zu denken, dass man allein dadurch eine andere Realität erzeugen kann, halte ich für völlig falsch. Stell dir vor, jemand möchte eine neue Arbeitsstelle finden und denkt zwar ständig daran, macht aber ansonsten rein gar nichts. Glaubst du tatsächlich, derjenige bekommt eine neue Stelle?«

Michaela: »Nein.«

Ich: »Eben. Ich denke, deshalb solltest du positive Gedanken und auch Wünsche nicht als Garant für mögliche Veränderungen ansehen, sondern eher als unterstützendes Mittel. Nicht mehr und nicht weniger.«

Michaela: »Okay. Aber warum hat es bei Barbara dann funktioniert?«

Ich: »Woher willst du wissen, dass es bei ihr funktioniert hat? Weißt du das ganz sicher, oder verlässt du dich lediglich auf das, was sie erzählt?«

Michaela: »Mhm … Stimmt schon. Ich habe einfach das geglaubt, was sie mir erzählt hat.«

Ich: »Siehst du! Deswegen lebe lieber ein wenig mehr und wünsche etwas weniger.«

Nach dem Gespräch hörte ich lange Zeit nichts mehr von Michaela. Erst einige Monate später schrieb sie mir eine 5-Sterne-Bewertung, in der sie sich dafür bedankte, dass ich ihr »so liebevoll« die Augen geöffnet hatte und sie mittlerweile ganz ohne professionelles Wünschen einen neuen Partner durch ihre Arbeit gefunden hat.

12. KAPITEL

Wünsche an den Weihnachtsmann, äh, an die Kartenlegerin

Die Zeiten ändern sich. Überall. Und besonders stark auf Astro-Lines.

Am Anfang meiner Tätigkeit als Kartenlegerin spielte die Neugier auf die Zukunft bei den Anrufern die größte Rolle. Für meine Kunden waren diese Gespräche etwas Besonderes, das man sich gönnte wie einen Friseurbesuch oder einen Film im Kino. Das ist längst nicht mehr der Fall. Mittlerweile ist der Anruf bei der Astro-Line so alltäglich wie der Kaffee am Morgen. Der persönliche Berater wird in jeder möglichen und unmöglichen Situation angerufen.

Vertriebler heizen mit 220 Kilometer in der Stunde über die Autobahn, während sie sich mithilfe eines Kartenlegers auf ihr nächstes Geschäftsmeeting vorbereiten. Die Assistentin des Geschäftsführers schleicht sich unauffällig in den Konferenzraum, um sich zu erkundigen, ob der Chef für sie seine Familie verlassen wird. Nicht selten werden solche Gespräche abrupt unterbrochen, weil besagter Boss seine Sekretärin/Geliebte beim heimlichen Telefonieren ertappt.

Summa summarum geht es schon lange nicht mehr um den ehrlichen Blick in die Zukunft, sondern schlicht um positives Feedback – egal wie absurd sich die Situation darstellt.

Meine Kundin Daggi war ein besonders hartnäckiger Fall.

Ich: »Hallo. Bianca spricht.«

Daggi: »Hallo Bianca, hier ist die Daggi. Ich brauche mal wieder eine Prognose.«

Wie mehrmals die Woche. Und das seit Monaten.

Ich: »Wie kann ich dir helfen, Daggi?«

Daggi: »Es geht wieder um meinen Herzensmann Erol. Er hat sich bei mir gemeldet, ist zu mir gekommen, wir hatten Sex, und danach wollte er 800 Euro von mir haben. Angeblich muss sein Auto in die Werkstatt.«

Ich: »War beim letzten Mal nicht seine Waschmaschine defekt, und er wollte 500 Euro von dir haben?«

Daggi: »Ja, das stimmt.«

Ich: »Bei Erol scheint ja jede Woche etwas kaputtzugehen.«

Vermutlich führte Erol Buch, damit er nicht mit den Geräten durcheinanderkam.

Daggi: »Er ist richtig beleidigend geworden, als ich meinte, dass ich das Geld nicht habe. Er hat mir vorgeworfen, dass ich ihn belüge und ihm nicht helfen wolle. Und dann hat er gedroht, dass ich ihn nie wieder sehen werde, wenn ich ihn im Stich lasse.«

Mir schwante nichts Gutes.

Ich: »Du hast ihm das Geld doch hoffentlich nicht gegeben!«

Daggi: »Doch, habe ich. Ich bin mit ihm zur Bank gefahren und habe es abgehoben.«

Herr, gib Hirn!

Ich: »Oh nein.«

Daggi: »Was hätte ich denn tun sollen? Mir blieb doch keine andere Wahl!«

Ich: »Natürlich! Du hättest ihn hochkant aus der Wohnung werfen können!«

Daggi: »Aber dann hätte ich ihn nie wiedergesehen. Hat er doch gesagt!«

Mir tat Daggi sehr, sehr leid. Sie durchschaute das Spiel von Erol überhaupt nicht. Gleichzeitig brodelte es in mir. Ich hätte mir Erol am liebsten persönlich vorgeknöpft und ihn sein angeblich kaputtes Auto eigenhändig und zu Fuß von Hamburg in eine Werkstatt in München ziehen lassen.

Ich: »Daggi, ich garantiere dir, dass Erol sich spätestens nach einer Woche wieder bei dir gemeldet hätte. Schon alleine, um zu schauen, ob er nicht doch noch Geld von dir bekommt.«

Daggi: »Meinst du?«

Ich: »Weiß ich!«

Daggi: »Liebt er mich denn wenigstens ein bisschen?«

Diese masochistische Frage stellte Daggi mir bei jedem Gespräch. Und stets erhielt sie von mir die gleiche niederschmetternde Antwort: dass diese Beziehung nichts mit Liebe zu tun hatte, sondern hochgradig krank war. Danach brach sie jedes Mal in Tränen aus, weil sie sich natürlich eine andere Antwort gewünscht hatte. Ihre Hoffnung wollte partout nicht sterben.

Daggi: »Aber das Medium Yasemin hat mir gesagt, dass er mich liebt und dass wir fest zusammenkommen!«

Ich: »Es tut mir wirklich von Herzen leid, die Aussage kann ich nicht bestätigen.«

Daggi: »Aber warum rufe ich dann dauernd an und gebe so viel Geld für die Gespräche mit dir aus, wenn du mir so was sagst? Das zieht mich jetzt echt runter.«

Daggi legte auf, ohne sich zu verabschieden. Das kannte ich schon. Und ich wusste, dass sie spätestens in fünf Tagen wieder anrufen würde. Darin war sie absolut zuverlässig.

Ein stark ausgeprägtes Wunschdenken hatte auch der Kunde Dreamboy, und der Name sagte mehr als tausend Worte.

Dreamboy: »Hallo Bianca, hier spricht der Detlef.«

Ich: »Hallo Detlef. Was führt dich zu mir?«

Dreamboy: »Ich habe in deinem Profil gelesen, dass du eine Kartenlegerin bist, und deine Bewertungen haben mich angesprochen. Kannst du mal bei mir auf die Liebe schauen?«

Ich: »Na klar. Um wen geht es denn bei dir?«

Dreamboy: »Ach, es geht um die Jessi. Die habe ich vor ungefähr sechs Monaten in einem Chat kennengelernt, und wir haben uns dann auch getroffen. Zuerst war alles super, und sie wollte mit mir zusammen sein. Weißt du, sie ist meine absolute Traumfrau. Ich habe alles für sie getan. Ich habe ihr dauernd kleine Geschenke gemacht, sie jeden Tag bestimmt zehn Mal angerufen, um mich zu erkundigen, wie es ihr geht und was sie so tut. Es war wirklich eine wunderbare Zeit für uns. Aber dann bin ich mit ihr ein Wochenende Skifahren gewesen, und danach war sie komisch. Sie ist nicht mehr ans Telefon gegangen, und auf meine Nachrichten hat sie auch nicht reagiert. Zwei Tage später bin ich dann mit einem riesigen Strauß roter Rosen zu ihr gefahren, weil ich dachte, dass ich etwas falsch gemacht habe. Sie meinte aber nur, dass sie Abstand bräuchte und nicht mit mir zusammen sein kann. Ich bin dann nach Hause gefahren und habe mir in einer langen E-Mail an sie alles von der Seele geschrieben – was ich fühle, was sie für mich ist und dass ich warten und sie nicht aufgeben werde. Als nach mehreren Tagen keine Antwort von ihr kam, habe ich ihr eine zweite E-Mail geschrieben und ihr noch mal gesagt, dass ich warte und dass ich sie sehr vermisse. Und wieder hat sie nicht reagiert.«

Ich: »Wie lange ist das jetzt her?«

Dreamboy: »Ungefähr fünf Monate. Dass keine Antwort von ihr kam, hat mich wirklich wahnsinnig gemacht. So rein gar nichts von ihr zu hören, damit konnte ich nicht umgehen. Und deswegen bin ich damals mit dem Auto zu ihr und habe ihren Hauseingang beobachtet. Ich hatte total Schiss, dass es da einen anderen gibt.«

Ich: »Sie hat dich doch nur um etwas Abstand gebeten. Das hättest du einfach akzeptieren sollen.«

Dreamboy: »Ja, ich weiß. Du hast ja recht. Ich habe dann auch eine Kartenlegerin angerufen, und sie hat mir bestätigt, dass es keinen anderen gibt. Aber ich hatte eben Angst. Ich hatte das Gefühl, die Kontrolle zu verlieren und dass da etwas passiert, was ich nicht mitbekomme. Irgendwann bin ich jeden Tag zu ihr gefahren und habe den Hauseingang beobachtet. Abends hatte ich dann Kontakt zu der Kartenlegerin, die mir jedes Mal sagte, ich soll mir keine Sorgen machen und die Jessi liebe nur mich.«

Ich: »Und was ist dann passiert?«

Ich dachte mir schon, in welche Richtung das Gespräch nun gehen würde und zu welcher Sorte Mensch Dreamboy gehörte.

Dreamboy: »Mich hat diese Ungewissheit total verrückt gemacht. Schließlich bin ich eines Tages während der Mittagspause zu ihrer Wohnung gegangen, und eine Nachbarin hat mich in den Hausflur gelassen. An der Wand hingen die Briefkästen, und in dem Schlitz von ihrem Kasten klemmten Briefumschläge, die der Briefträger nicht richtig eingeworfen hatte.«

Ich: »Jetzt sag mir nicht, du hast in ihrer Post geschnüffelt!«

Dreamboy: »Doch, hab ich. Mir ist klar, dass das nicht richtig war. Ich habe sogar einen Brief von einer Reisegesellschaft aufgemacht und mit nach Hause genommen. Darin war die Bestätigung einer Reise für zwei Personen nach Ibiza. Ich habe mir sofort die Karten legen lassen, weil ich wissen wollte, ob die zweite Person ein Mann sein könnte, und wieder wurde mir gesagt, dass da niemand ist.«

Ich: »Da warst du bestimmt erleichtert.«

Dreamboy: »Nein, ich war nicht erleichtert, denn ich konnte es nicht glauben. Ich bin zum Reisebüro gegangen und habe eine Reise nach Ibiza ins gleiche Hotel gebucht, aber für einen Tag früher, damit ich schon da bin, wenn sie ankommt.«

Armer, armer Dreamboy.

Ich: »Du weißt schon, dass das eine heftige Reaktion von dir gewesen ist?«

Dreamboy: »Was hätte ich denn machen sollen? Hätte ich mich betrügen lassen sollen?«

Ich: »Moment. Ihr wart doch zu dem Zeitpunkt gar nicht offiziell liiert. Sie hätte dich also gar nicht betrügen können!«

Dreamboy: »Aber ich habe auf sie gewartet. Umsonst warten wollte ich nicht. Deswegen bin ich da hingefahren.«

Ich: »Und was hat sie gesagt, als sie dich gesehen hat?«

Dreamboy: »Gar nichts, denn sie hat mich nicht gesehen. Ich habe mich geschickt versteckt und sie und ihre Freundin nur beobachtet.«

Ich: »Aha, also gab es wirklich keinen anderen Mann.«

Dreamboy: »Nein. Aber die Geschichte geht noch weiter. Nach dem Urlaub hat sie sich immer noch nicht gemeldet. Und als ich ihr dann wieder E-Mails und Textnachrichten geschrieben habe, meinte sie, dass ich sie gefälligst in Ruhe lassen soll und es nichts mehr wird mit uns.«

Verständlich!

Ich: »Damit hat sie dir eine ganz klare Ansage gemacht.«
Dreamboy: »Nee, so ist die Jessi nicht.«
Ich: »Sondern?«

Auf die Logik war ich sehr gespannt.

Dreamboy: »Sie hat nur Angst vor einer festen Beziehung.«

Natürlich.

Ich: »Und woher hast du diese Information?«
Dreamboy: »Von der Kartenlegerin, die ich angerufen habe.«
Ich: »Ah … ja.«
Dreamboy: »Irgendwie blieb ich aber unruhig, und mein Gefühl hat mir gesagt, dass sie doch was mit einem anderen laufen hat.«

Oh nein, es ging noch weiter.

Dreamboy: »Ich bin also wieder zu ihrer Wohnung gefahren. Und dann ist die Polizei gekommen.«
Ich: »Die Polizei? Was wollte die?«

Eigentlich eher verwunderlich, dass die nicht schon viel früher auf den Plan getreten ist.

Dreamboy: »Die Nachbarin, die mich damals in den Flur gelassen hatte, hat gesehen, dass ich jeden Tag mit dem

Auto in der Straße stand. Als sie mich an dem Tag wiedererkannte, hat sie im Haus herumgefragt, ob mich jemand kennen würde. Na ja, sie fragte auch Jessi, und um es kurz zu machen, haben mich dann die Polizeibeamten aufgefordert zu fahren. Ein paar Tage später musste ich dann per Post erfahren, dass Jessi mich wegen Stalkings angezeigt hat. Das hat mich ganz schön getroffen. Sie kennt mich doch, da braucht sie mich doch nicht gleich anzuzeigen!«

Jessi, das hast du genau richtig gemacht.

Ich: »Na ja, es ist schon unheimlich, wenn der Ex jeden Tag im Auto vor der Haustür steht.«
Dreamboy: »Ich bin doch nicht gemeingefährlich!«

Nein?

Dreamboy: »Ich möchte jetzt aber von dir wissen, wann sie endlich ihre Angst überwindet und wir wieder fest zusammen sind.«

Dreamboy war nicht nur gemeingefährlich, er litt unter einer extremen Form von Realitätsverlust. Ich wusste, klare Worte würden da wahrscheinlich auch nicht helfen, aber das war mir egal.

Ich: »Detlef, ganz ehrlich, Jessi wird ihre Angst vor dir nicht überwinden. Und ich kann sie verstehen, vor dir hätte ich an ihrer Stelle auch Angst.«

Tut, tut, tut. Weg war Dreamboy. Wahrscheinlich rief er umgehend den nächsten Kollegen an, um sich eine positive Zukunft mit Jessi vorhersagen zu lassen. Und da klingelte das Telefon schon wieder.

Ich: »Hallo, hier ist Bianca.«
Kunde: »Hallo, hier ist Roman. Bitte ein Mal die Zukunft.«

Der Anrufer hatte eine sehr tiefe Stimme, die sich irgendwie merkwürdig anhörte. Fast so, als würde er sie verstellen.

Ich: »Hallo Roman. Was möchtest du bitte über deine Zukunft erfahren?«
Kunde: »Es geht um meine Herzensdame. Wann kommen wir zusammen?«

Ich mischte die Karten und legte sie aus. Gleichzeitig klickte ich auf die Enter-Taste an meinem Computer, um das Kundenfenster des Ratsuchenden aufzurufen. Raten Sie, was sich mir präsentierte? Genau. Ich schaute direkt auf Dreamboys Kundenfenster. Hätte mir eigentlich klar sein müssen, dass er nicht so leicht aufgeben würde. Doch mit den technischen Raffinessen der Astro-Lines hatte er nicht gerechnet.

Ich: »Tut mir leid, Roman. Es wird zu keiner Beziehung mit deiner Herzdame kommen.«
Kunde: »Ich glaube, deine Karten liegen falsch.«

Vor lauter Enttäuschung vergaß Roman formally known as Dreamboy seine Stimme zu verstellen. Und mir blieb nur ein Satz zu sagen.

Ich: »Die Karten lügen nicht.«

13. KAPITEL

Mach mir meine Welt, so wie sie mir gefällt

Meistens sind es Frauen, die mich anrufen. Ein Grund dafür mag sein, dass sie kommunikativer sind als Männer und sich gerne austauschen. Während Männer ihre Probleme und Sorgen mithilfe schweigsamer Meditation am Tresen lösen, befragen Frauen lieber einen Kartenleger. Leider ist es mittlerweile – wie im vorangegangenen Kapitel beschrieben – so, dass die Damen in der Regel nicht mehr aus Neugier an der Zukunft bei einer Astro-Line anrufen, sondern aus purer Verzweiflung. Oft steckt die Anruferin in einem tiefen Loch, das sie sich mit vereinten Kräften selbst ausgehoben hat. Aus diesem Loch nun hat der Kartenleger sie gefälligst herauszuholen, und zwar zackig, schließlich zahlt sie zwei Euro und mehr die Minute.

Solch eine wundersame Wandlung ihres Schicksals erwartete auch Billa.

Ich: »Guten Tag, hier spricht Bianca.«
Billa: »Kuckuck, die Billa ist hier.«

Kuckuck? Okay, öfter mal was Neues.

Ich: »Ich grüße dich, Billa. Wie kann ich dir helfen?«
Billa: »Ich warte immer noch auf meinen Herzensmann. Wann und wie kommt er zu mir?«

Ich: »Moment bitte.«

Ich legte Billas Kartenbild.

Ich: »Liebe Billa, ich sehe da jemanden in den Karten, aber dafür müsstest du ausgehen.«

Billa: »Wieso soll ich ausgehen? Ich bin ein sehr häuslicher Mensch.«

Ich: »Ja, genau das sehe ich, und das ist auch der Knackpunkt.«

Billa: »Was denn für ein Knackpunkt?«

Ich: »Du bist extrem häuslich, und daher musst du schon sehr lange auf einen neuen Partner warten. Kennenlernen kannst du ihn nur, wenn du mal das Haus verlässt.«

Billa: »Ich verlasse das Haus. Sogar regelmäßig. Schließlich muss ich einkaufen, zum Arzt und zu meiner Putzstelle.«

Ich: »Das sind aber keine Freizeitaktivitäten, bei denen man einen potenziellen neuen Partner kennenlernen könnte. Die Möglichkeit einer neuen Beziehung liegt nun mal genau in diesem Bereich.«

Billa: »Wenn ich von der Arbeit komme, dann muss ich meinen Haushalt machen, und danach bin ich müde.«

Ich: »Das kann ich gut verstehen. Vielleicht kannst du das Wochenende für Freizeitaktivitäten nutzen.«

Billa: »Da bin ich froh, wenn ich zu Hause bin.«

Ich: »Dann könnte es in der Tat schwierig werden, diesem Mann über den Weg zu laufen.«

Billa: »Deine Beratung ist mir jetzt aber viel zu schwierig. Du solltest mir dabei helfen, dass der Mann mir in den nächsten Tagen ganz automatisch über den Weg läuft.

Ich sehe überhaupt nicht ein, dass ich deswegen mein Leben verändern muss.«

Ich: »Das sagt auch niemand, aber ich sehe diesen Menschen eben im Freizeitbereich und nicht beim Einkaufen, Putzen oder Arztbesuch.«

Billa: »Himmel! So schwer kann es doch wohl nicht sein, den passenden Mann zu treffen!«

Ich: »Ist es ja auch nicht.«

Billa: »Nee, lass mal. Unter einer Beratung stelle ich mir was anderes vor. Schönen Tag noch.«

14. KAPITEL

Ist mein Wissen noch so klein,
das Karma muss der Schuldige sein

Kennen Sie eigentlich den Begriff »Karma«? Im Hinduismus, Buddhismus und Jainismus bezeichnet der Begriff die Folgen jeder physischen und geistigen Handlung, insbesondere die Folgen auf den Handelnden selbst. Dabei müssen sich die Folgen nicht unbedingt im aktuellen Leben zeigen, sondern durchaus auch erst in einem der nächsten Leben des Handelnden.

Das »spirituelle Konzept« des Karmas oder der sogenannten »Karmischen Verbindung« funktioniert in der Welt der Esoterik nach einem ähnlichen Prinzip wie der *The Secret*-Hokuspokus. Bei den esoterischen Lebensberatern ist es längst zu einer Art Allheilmittel geworden. Denn: Durch ein schlechtes Karma ist jede (und ich meine wirklich JEDE) Lebenssituation entschuldbar. Gerade bei unglücklich verliebten Ratsuchenden wird gerne von einer karmischen Beziehung geredet, um den Anrufer bei der Stange zu halten. Es heißt dann, die zwei betreffenden Personen sind füreinander bestimmt – in einem oder mehrerer ihrer Leben. Tragischerweise können jedoch die beiden weder miteinander noch ohne einander leben, was unwiderruflich für Leiden sorgt. (Die Wirklichkeit sieht eher so aus, dass der Anrufer nicht ohne den anderen kann.) Der Ratsuchende beschäftigt sich infolgedessen von morgens bis abends mit der unerfüllten Liebe und bildet sich ein, den anderen sogar körperlich spüren zu können, insbesondere das tief empfundene Leid des anderen – die Quintessenz der karmischen Liebe. Noch erstrebenswerter wird das Ganze für den Ratsuchenden, wenn der Wunschpartner praktischerweise gleich zum Seelenpartner erklärt wird, mit dem man energetisch aus diversen Vorleben untrennbar verbunden sei. Der Clou ist aber, dass dieser Seelenpartner leider überhaupt nichts davon weiß, das Verliebtsein also unmöglich empfinden kann. Das vorgegebene Ziel ist nun, den Angebeteten davon zu überzeugen, dass er sich nur erinnern muss, um zu erkennen, wie verliebt er in den Karmasuchenden ist. Parallel dazu soll sich der Anrufer mit seinen früheren Leben auseinandersetzen, um mögliche Blockaden aufzulösen, sprich: das alte Karma zu überwinden. Gerne fordern Berater ihre Kunden in diesem Rahmen dazu auf, an ihrem Selbstwertgefühl zu arbeiten beziehungsweise sich bitte in Geduld zu üben. Schon hat sich der Lebensberater weitere Anrufe gesichert, denn der Karma-Kunde benötigt selbstverständlich unbedingt sein »professionelles« Coaching. Was bleibt dem Anrufer auch anderes übrig? Seine karmische Verbindung kann bekanntlich nicht getrennt werden, und die Maßstäbe einer »normalen« Beziehung gelten nicht. Ein karmisches Dilemma. Ohne Happy End. Natürlich kommt es vor, dass sich Freunde, Familienmitglieder oder auch Arbeitskollegen des Betroffenen annehmen und die Vermutung anklingen lassen, dass er sich da möglicherweise in ein hoffnungsloses Unterfangen verrannt hat. Doch auch hierfür hat der jeweilige Berater die passende Erklärung parat: Niemand, der diese unerklärliche Anziehungskraft nicht am eigenen Leib gespürt hat, wird die Thematik jemals nachvollziehen können.

In einem karmischen Dilemma befand sich beispielsweise Elfie. Sie wartete jeden Tag darauf, dass sich ihre »On and Off«-Affäre Edwin endlich von seiner Familie trennte und bei ihr einziehen würde.

Elfie: »Edwin kann nicht von mir lassen, genauso wenig wie ich von ihm. Seit acht Jahren haben wir jetzt schon eine Affäre, von der seine Frau nichts weiß. Ich spüre, dass er unsere Liebe ebenso tief empfindet wie ich. Wir können uns beide nicht gegen unsere Bestimmung wehren. Wenn wir zusammen sind, ist das jedes Mal ein energetisches Feuerwerk. Es ist beinahe magisch. So etwas habe ich noch bei keinem Mann erlebt. Vor zwei Monaten hat er dann mit mir Schluss gemacht, weil er das seiner Frau angeblich nicht mehr antun könnte. Aber das meint er nicht so. Das spüre ich. Bianca, schau doch mal, wann er sich wieder meldet und endlich bei mir einzieht.«

Ich konnte im Kartenbild weder einen Einzug noch einen Auszug erkennen.

Ich: »Leider sehe ich bei Edwin keinen Umzug und auch keine Meldung. Er hat eure Treffen immer genossen, und es war für ihn wie eine Art Wellness-Massage gegen seinen Alltagsstress.«

Elfie: »Aha. Na ja, weißt du, wir sind Seelenpartner und karmisch miteinander verbunden. Und das schon sehr lange. Darum dauert das auch alles seine Zeit. Spüre doch noch mal ganz tief in meine Situation rein, wahrscheinlich kannst du dann eine Nachricht und einen Umzug sehen.«

Ich spürte: Die Karten waren unbestechlich und zeigten mir noch immer eine andere Wahrheit.

Ich: »In den Karten sieht es eher so aus, als wenn Edwin sich mit seiner Frau wieder zusammengerauft und eure Beziehung abgeschlossen hätte.«

Elfie: »Nein, das ist nicht möglich. Karmische Lieben können nicht getrennt werden. Edwin und ich sind duale Seelenpartner und kennen uns seit mindestens vier Leben. Wir sind füreinander vorbestimmt. In zwei früheren Leben hatte ich sogar Kinder mit ihm, doch wir konnten unsere Liebe nicht offiziell leben, weil ich nur eine arme Magd war und er ein Adliger. Dieses Leben wird es endlich mit uns klappen, das weiß ich. Ich muss nur geduldig sein und ihm positive Gedanken schicken, um ihn darin zu bestärken, sich für mich zu entscheiden. Ich weiß auch, dass er jede Nacht an mich denkt. Ich spüre ihn ganz stark, als wenn er neben mir liegen würde. Wahrscheinlich hast du noch nie eine karmische Verbindung erlebt und kannst es deswegen nicht verstehen.«

Elfie war absolut beratungsresistent und merkte gar nicht, dass Edwin längst eine Entscheidung getroffen hatte. Es machte keinen Sinn, dagegen anzureden, daher entschied ich mich wieder einmal für Diplomatie.

Ich: »Ich drücke dir auf jeden Fall die Daumen, dass du bald eine glückliche Liebe finden wirst.«

Die Schilderungen meiner Telefongespräche sind keineswegs übertrieben. Mindestens jedes dritte Beratungsgespräch verläuft genau nach diesem Muster. Fatalerweise denken viele Astro-Kunden wirklich, dass sich durch eine telefonische Beratung ihr Leben verändert, und legen ihre Selbstverantwortung bequem beim Kartenleger ab. Kümmer du dich mal um meine Zukunft, und zwar um eine glückliche, scheinen sie zu denken.

Wie bereits beschrieben, ist Lebensberatung auf der Eso-Line mittlerweile mit der Arbeit eines Therapeuten, Seelsorgers oder Erziehers zu vergleichen. Was das bedeutet, können Sie sich vorstellen. Und ein schwieriges Gespräch kann ausreichen, um den restlichen Tag nicht mehr beraten zu können. Häufig suchen Anrufer die esoterischen Lebensberater in Situationen auf, die so verzwickt und aussichtslos sind, dass es kaum möglich ist, sie wirklich zu beraten. Das Leben von so vielen Leuten ist nicht ansatzweise so perfekt, wie es nach außen hin wirkt. Glauben Sie nur zehn Prozent von dem angeblichen Erfolg, der glücklichen Familie und der finanziellen Sicherheit, die Ihnen Ihre Freunde, Verwandte, Kollegen und Nachbarn präsentieren, ziehen Sie weitere neun Prozent ab, und Sie haben etwa das, was Sie tatsächlich glauben können. In jedem Menschen schlummern Ängste, Nöte, Zorn und Sorgen und andere Abgründe, und wenn ich eins durch meine Arbeit gelernt habe, dann dies: Das Leben ist kein Ponyhof – für keinen von uns. Ich weiß, wovon ich spreche.

Nicht normal sind allerdings die positiven Prognosen, die Ratsuchende meist bekommen, wenn sie regelmäßig einen Berater kontaktieren. Und hochgradig bedenklich sind solche Berater-Kunden-Beziehungen, die darauf hinauslaufen, dass der Kunde keine eigenen Entscheidungen mehr ohne einen Blick in die Zukunft treffen kann. Kartenleger verunsichern ihre Kunden teilweise extrem, indem sie ihnen suggerieren, Fehler bei ihren Entscheidungen zu machen, die negativen Einfluss auf die Zukunft haben. Gerne verkaufen spirituelle Lebensberater auch Rituale und fordern den Anrufer auf, bestimmte sogenannte Affirmationen bis zu fünfzig Mal (!) am Tag aufzusagen – eine Gehirnwäsche der Extraklasse. Anfangs fühlen sich die Kunden wohl und schreiben blumige Bewertungen, in denen sie den Berater wie ein überirdisches Wesen feiern, wie etwa in dieser:

Mein liebster Engel auf Erden! Danke, danke, danke und noch mal tausend Danke für dich!!! Du bist einfach nur unglaublich, inspirierend und voller Energie. Immer wenn ich mit Dir spreche, glaube ich, dass ich alles schaffen kann! Ich bleibe Dir auf immer treu, denn Du bist die beste Beraterin der Welt und ich verspreche Dir: Ich halte durch – nicht zuletzt nur wegen Dir ♥

In ihrer Euphorie versäumen es die Anrufer, die oft unrealistischen Prognosen zu hinterfragen, lassen sich auf jede Menge unsinnige Rituale ein und können bald keine eigenständigen Entscheidungen mehr ohne ihren Kartenleger treffen. Schnell geraten sie in eine Spirale, aus der sie ohne Hilfe nicht mehr herauskommen. Esoterik bestimmt von morgens bis abends ihren Tagesablauf. Sie entwickeln eine buchstäbliche Sucht nach dem Endorphin-Kick, den die positiven Prognosen auslösen, die sie sich bei unterschiedlichen Beratern jederzeit abholen können. Um ihr Bedürfnis zu befriedigen, schauen sie nach immer spektakuläreren Formen der Hellsicht und gleiten Stück für Stück tiefer und tiefer ab in eine Parallelwelt, die sie sich mit allen Mitteln schönreden.

Natürlich gibt es aber auch viele verantwortungsvolle Berater, auf die die vorherigen Aussagen nicht zutreffen, und durchaus auch viele realistische Anrufer, die ihr Limit kennen. Das Kartenlegen muss keineswegs ein böser fauler Zauber sein, das möchte ich abschließend betonen.

15. KAPITEL

Willkommen in Absurdistan

»Das Leben ist ein Irrenhaus, und wir bei der Astro-Hotline sitzen in der Zentrale« – vermutlich habe nicht nur ich das unzählige Male schon gedacht, sondern auch Sie beim Lesen dieses Buches. Und ich gebe Ihnen hier noch ein paar weitere Gründe dafür.

Die meisten Anrufer erwarteten eine 24-stündige Erreichbarkeit. War ich im Offline-Modus, klingelte alsbald mein Handy, und eine nette Mitarbeiterin vom Support-Team meldete sich.

Support-Team: »Hallo Frau Wagner, hier ist Frau Schnieder vom Astro-Support-Team. Der Kunde Hutzelputz möchte von ihnen umgehend zurückgerufen werden.«

Ich: »Hallo Frau Schnieder, das ist wundervoll, aber ich befinde mich gerade auf meiner weltlichen Arbeit und kann den Kunden Hutzelputz nicht umgehend zurückrufen. Er müsste sich schon bis heute Abend gedulden.«

Support-Team: »Das ist sehr schade, Frau Wagner. Ich werde es dem Kunden so ausrichten und ihm außerdem noch einen anderen Berater vorschlagen.«

Ich: »Tun Sie das. Vielen Dank für den Anruf.«

Ich verabschiedete mich nicht mit »Auf Wiederhören«, es bestand durchaus die Gefahr, dass Frau Schnieder dies wörtlich genommen hätte.

Und glauben Sie nicht, der Kunde Hutzelputz hätte auf einen anderen Lebensberater zurückgegriffen. Kaum hatte ich mich am Abend eingeloggt, klingelte mein Telefon, und das Kundenfenster von Hutzelputz öffnete sich.

Ich: »Guten Abend. Hier spricht Bianca.«

Hutzelputz: »Na endlich, wurde auch langsam Zeit. Guten Abend.«

Ich: »Äh … Was wurde genau Zeit?«

Hutzelputz: »Ich habe den ganzen Tag ständig dein Profil angeklickt, und du warst nicht erreichbar. Außerdem ist mir aufgefallen, dass du in den letzten Tagen nur 14 Beratungsgespräche geführt hast.«

Aha, ein Stalker. Ein ziemlich dreister noch dazu.

Ich: »Schön, dass du mich so genau beobachtest. Wo liegt denn das Problem?«

Hutzelputz: »Du willst wissen, wo das Problem liegt? Ich probiere schon seit mehreren Tagen dich zu erreichen, und nie bist du da. So was kann man doch nicht Kundenservice nennen! Das ist das Problem!«

Erst hatte mich Hutzelputz während der Arbeit anrufen lassen, dann stalkte er mich, stellte sich am Telefon nicht einmal mit seinem Namen vor, und jetzt machte er mir auch noch Vorhaltungen? Irgendetwas lief hier völlig falsch.

Ich: »Lieber Hutzelputz, ich fühle mich durchaus ge-
schmeichelt, dass du so großen Wert auf eine Lebensberatung bei mir legst, aber ich möchte dich darauf auf-
merksam machen, dass dir, wenn ich nicht erreichbar
bin, mindestens tausend andere Berater zur Auswahl
stehen.«

Hutzelputz: »Das ist doch keine Rechtfertigung für deine
Nicht-Erreichbarkeit. Und außerdem heiße ich nicht
Hutzelputz. Ich bin der Hans-Georg.«

Ich: »Hans-Georg, ich übe meine Beratertätigkeit selbst-
ständig aus, sodass ich flexible Arbeitszeiten habe, die
keiner Weisung unterliegen. Das bedeutet im Klartext,
ich kann so oft oder so selten erreichbar sein, wie es mir
beliebt. Sollte ich nicht da sein, dann greife bitte auf einen anderen Berater zurück.«

Hutzelputz: »Ich wollte aber speziell mit dir reden …«

Ich: »Das tust du gerade. Also, schieß los, was kann ich
für dich tun?«

Die Kundenbetreuung war montags bis sonntags bis 24
Uhr erreichbar. Ab dann waren die Kunden sich bis zum
nächsten Morgen selbst überlassen. Ich war froh darüber,
denn so war ich vor nächtlichen Anrufen vom Kundenservice geschützt. Nachts wurden viele Ratsuchende nämlich erst richtig munter. Wenn ich morgens meine E-Mails
checkte, hatte ich durchschnittlich 15 Rückrufbitten aus
der Zeit von 24 Uhr bis 6 Uhr morgens. Und das trotz
Offline-Modus! Was sich wohl die Kunden dabei dach-
ten? Es ist nachts, und die Beraterin Bianca Wagner ist
nicht erreichbar – was könnte das bedeuten? Sie schläft?
Bingo! Doch darauf kam längst nicht jeder Kunde. Die

durchschnittlich 15 Anrufer schienen zu glauben, dass wir Berater auf dem fernen Stern Esoterika lebten und keinen Schlaf benötigten. Dass sie sich spontan um 3 Uhr nachts dazu entscheiden, aus Jux und Dollerei Karten zu legen. Leider musste ich diese Leute enttäuschen. Wir Berater müssen gelegentlich sogar aufs Klo.

Neben den Stalkern existierten auch die sogenannten »Daily Caller«. Das waren Kunden, die täglich anriefen, um jedes Mal die gleichen Fragen zu stellen. Bei »Daily Callern« handelte es sich zumeist um sehr verunsicherte und ängstliche Personen. Hier galt es Haltung zu bewahren und sich in Geduld zu üben. Sie denken bestimmt, es wäre leicht verdientes Geld, ständig die gleichen Antworten herunterzuleiern. Möglich. Spätestens nach dem zehnten Tag in Folge beginnen Sie sich allerdings zu fragen, wer hier eigentlich verrückt ist – der Anrufer oder gar Sie.

Eines Tages erhielt ich einen besonderen Anruf. Ich hob ab und vernahm ein Knacken in der Leitung.

Ich: »Hallo?«

Nichts.

Ich: »Hallo, ist da jemand?«
Anrufer: »Hallo Bianca, Heike ist am Telefon.«

Die Stimme der Anruferin war nur ein leises Flüstern in meinem Ohr.

Ich: »Hallo Heike, ich höre dich nur ganz leise.«
Anrufer: »Ich kann leider nicht lauter sprechen.«

Ich: »Okay.«

Anrufer: »Ich stecke in einer sehr komplizierten Situation. Im Moment befinde ich mich in der geschlossenen Psychiatrie, und meine Mutter und mein Bruder ebenfalls, aber in einer anderen Klinik.«

Wie in Gottes Namen hat sie es geschafft, bei einer Astro-Hotline anzurufen?

Ich: »Entschuldige, wie kannst du mich dann anrufen? Darf man das denn?«

Anrufer: »Nein, das dürfen wir nicht, und es würde von dem Telefon der Abteilung auch nicht gehen, weil es keine Tastatur hat, mit der man akustische Signale erzeugen kann.«

Ich: »Und womit telefonierst du jetzt gerade?«

Anrufer: »Mein Vater hat mir geholfen, ein Handy einzuschmuggeln, aber ich darf mich damit nicht erwischen lassen.«

Ich war baff.

Ich: »Ach so. Okay. Was kann ich für dich tun?«

Anrufer: »Ich wollte nur nachfragen, ob es in unserer Familie irgendwann mal besser wird und wir alle eines Tages aus der Psychiatrie herauskommen.«

Jetzt musste ich tief durchatmen. Heike und ihr Schicksal berührten mich. Ich legte für sie und ihre Familie ein Kartenbild. Sie, ihre Eltern und Geschwister litten offensichtlich an starken Depressionen. Doch ich konnte ein

Licht am Ende des Tunnels für Heike und ihre Familie erkennen. Sie hatten zwar alle noch intensive Therapien vor sich, aber am Ende würden sie ihre Krankheit mithilfe von Medikamenten in den Griff bekommen. Ich führte ein sehr angenehmes Gespräch mit Heike, und zum Schluss bedankte sie sich mehrmals bei mir für die Beratung. Heike rief mich zwar aus einer geschlossenen Abteilung an, doch sie war weitaus bodenständiger, freundlicher und ja, ich würde sogar fast behaupten normaler als einige andere meiner hartnäckigen Fälle, die sich in freier Wildbahn bewegen durften.

Eine Dame, der ich umgehend eine Einweisung in die geschlossene Abteilung ausgestellt hätte, war meine Kundin Lightangel. Ihr Anliegen war die sogenannte »Lichtnahrung«. Die Lichtnahrung (oder »Breatharianismus«) ist eine sehr umstrittene esoterische Methode, bei der die für den Menschen notwendige Energie nicht aus fester oder flüssiger Nahrung, sondern rein aus feinstofflicher Energie – nämlich Licht – gewonnen werden soll. Wissenschaftlich konnte bislang nicht nachgewiesen werden, dass man so tatsächlich dauerhaft überleben kann. Medizinisch gesehen würde diese Methode früher oder später zwangsläufig zum Tod führen.

Mit Lightangel hatte ich zuvor schon drei Gespräche geführt. Die Kundin war bereits länger damit beschäftigt, sich selbst zu finden und dabei die gesamte Palette der esoterischen Lebensmethoden auszuprobieren.

Lightangel: »Hallo Bianca, hier ist mal wieder die Bruni.«
Ich: »Hallo Bruni. Wie geht es dir, und was kann ich für dich tun?«

Lightangel: »Danke, sehr gut geht es mir. Ich habe heute
eine Frage, zu der ich erst einmal gar nicht so viel erzählen möchte, um dich nicht zu beeinflussen.«
Ich: »Okay.«

Das machte mich ein wenig stutzig. Was jetzt wohl kommen würde?

Lightangel: »Schau mal bitte auf mich und meine Familie. Wir möchten alle zusammen eine Ernährungsum-
stellung machen. Mich würde interessieren, ob mein
Mann, meine Kinder und ich das gut schaffen werden.«

In den Karten konnte ich nur mäßige Erfolge erkennen.

Ich: »Bei deinen Kindern wird es nicht funktionieren, und
dein Mann wird ebenfalls nach kurzer Zeit das Handtuch werfen.«
Lightangel: »Schade. Werde ich es denn schaffen?«
Ich: »Du wirst auf jeden Fall länger durchhalten.«
Lightangel: »Ich habe mir ganz fest vorgenommen, das zu
schaffen.«
Ich: »Darf ich fragen, um welche Art von Ernährungsum-
stellung es sich handelt?«
Lightangel: »Es geht um Lichtnahrung. Ich weiß nicht,
ob du schon davon gehört hast?«

Ich hatte davon gelesen und war gelinde gesagt geschockt,
dass es tatsächlich Menschen gab, die sich ernsthaft mit
diesem absurden Quatsch beschäftigten.

Ich: »Äh ... und was sagt dein Arzt dazu?«

Das war mir so herausgerutscht.

Lightangel: »Ich gehe deswegen doch nicht zum Arzt. Der würde das gar nicht verstehen und mir sicher davon abraten.«

Oder dich in Therapie schicken, dachte ich.

Ich: »Und was hast du genau vor?«
Lightangel: »Ich werde zehn Tage lang nichts essen und trinken, damit sich mein Körper daran gewöhnt, und danach nur noch Wasser zu mir nehmen.«
Ich: »Davon kannst weder du noch irgendein anderer Mensch auf Dauer existieren.«

Wenn das funktionieren würde, würden Milliarden von hungernden Menschen vor Freude in die Hände klatschen.

Lightangel: »Ja, das ist das, was alle Skeptiker sagen. Aber glaube mir, es klappt. Und überlege mal, wie viel Geld für Lebensmittel ich im Monat einsparen werde.«

Hätte ich vorher gewusst, um welches Thema sich diese Beratung drehen würde, hätte ich das Gespräch von Anfang an abgelehnt. Leider kann man aus den Karten nicht jeden Blödsinn ablesen.

Und wo wir gerade bei Blödsinn sind, bleiben wir doch noch ein bisschen und beschäftigen uns mit einem unsichtbaren Buch: der Akasha-Chronik.

Laut einer uralten indischen Überlieferung ist alles Geschehene auf einer feinstofflichen Ebene abgespeichert wie auf der Festplatte eines Computers. Diese universale Datenbank wird als »Akasha-Chronik« bezeichnet. Die darin enthaltenen Informationen sind unsichtbar und immateriell, sie enthalten alles über die Vergangenheit, die Gegenwart und die Zukunft der gesamten Schöpfung. Es handelt sich also um eine Art Weltgedächtnis. Angeblich gibt die Akasha-Chronik Auskunft über das vergangene, gegenwärtige und zukünftige Leben eines jeden Menschen. Viele Esoteriker und Wahrsager nehmen neuerdings für sich in Anspruch, diese Aufsehen erregende Chronik lesen zu können.

Auch von mir verlangte man das hin und wieder. Ich wies die Anrufer dann freundlich darauf hin, dass ich eine Kartenlegerin war und aus keinem unsichtbaren Buch, dessen Existenz mehr als fragwürdig ist, die Zukunft ablesen könne. Manchmal hatten die Anrufer sogar ein Einsehen und ließen sich am Ende doch lieber von mir die Lenormand-Karten legen.

Es ist eine Sache, das Profil eines Beraters nicht richtig zu lesen und eine Beratungsmethode zu verlangen, die der Lebensberater nicht im Angebot hat. Eine andere Sache ist es, den Berater am Telefon etwa als Manager einsetzen zu wollen. Genau das ist mir mit einer bekannten TV-Moderatorin passiert.

LadyChick: »Hallo Bianca, ich bin gerade im Auto unterwegs zu einem Termin für Permanent Make-up. Meinst du, ich soll das machen?«

Mal wieder die Frau Moderatorin. Sie stellte sich nie mit ihrem Namen vor, sondern schmiss mich immer direkt ins Gespräch.

Ich: »Du wirst den Termin nicht ohne Grund gemacht haben, oder?«
LadyChick: »Wegen dem Fernsehpreis habe ich den Termin gemacht. Aber jetzt sind noch so viele andere Termine dazwischen gekommen.«
Ich: »Dann geh eben nicht hin.«
LadyChick: »Ich bin doch schon auf dem Weg dorthin.«

Meine Güte. Wenn Kosmetiktermine die einzige Sorge dieser Frau darstellten, dann war wenigstens alles im grünen Bereich.

Ich: »Was soll ich dazu sagen?«
LadyChick: »Du sollst mir sagen, was ich tun soll. Ich bin jetzt gerade angekommen und laufe zum Laden.«

Ich hörte ein Glöckchen bimmeln, als sie die Tür öffnete.

Ich: »Na, wo du einmal da bist, lässt du es eben machen.«

Die Moderatorin hörte mir gar nicht zu, sondern schilderte der Inhaberin des Kosmetikinstituts bereits, dass sie den Termin nicht wahrnehmen konnte.

LadyChick: »Das ist mir zeitlich alles zu knapp. Können Sie den Termin bitte kostenlos streichen?«

Ladeninhaberin: »Nein, tut mir leid. Dafür ist es jetzt zu spät.«

LadyChick: »Einen Moment, meine Managerin ist am Telefon, ich muss gleich zu einem PR-Termin. Hier, bitte.«

Nein! Bitte lass das nicht passieren.

Ladenbesitzerin: »Gruber, guten Tag. Ich kann die Dame leider nicht kostenfrei aus dem Termin lassen. Schließlich muss ich auch sehen, wie ich klarkomme.«

Ich war völlig überrumpelt.

Ich: »Öhm ... Ja, das verstehe ich natürlich.«

Die arme Frau!

Ladenbesitzerin: »Danke Ihnen. Ich gebe Sie mal wieder rüber.«

LadyChick: »Ich muss jetzt das Gespräch beenden. Tschüss.«

Ich: »Tschüss.«

Ich blieb eine Weile kopfschüttelnd auf meinem Stuhl sitzen. Ein Blick auf meine Anruferliste lieferte mir den Beweis: Dieses Gespräch hatte wahrhaftig stattgefunden.

16. KAPITEL

Besuch beim TV des Universums

Telefon!

Hastig würgte ich das Brötchen in meinem Mund hinunter. Wer rief mich während meines Urlaubs denn in aller Herrgottsfrühe an? Es war erst 8.20 Uhr!

Ich: »Wagner?«

Anrufer: »Bartho Schmidt von Universum TV am Apparat. Guten Morgen, Frau Wagner. Schön, dass ich Sie sofort angetroffen habe.«

Herr Schmidt flötete mir mit seiner glockenhellen Stimme derart gut gelaunt ins Ohr, dass ich am liebsten wieder aufgelegt hätte.

Ich: »Guten Morgen?«

Was wollen Sie von mir???

Anrufer: »Sicherlich wundern Sie sich, warum ich anrufe.«

Könnte man so sagen.

Ich: »Ein bisschen, ja.«

Anrufer: »Keine Sorge, Frau Wagner, ist nichts Schlimmes.«

Ich: »Wenn Sie mir eine Anzeige verkaufen wollen, können wir das Gespräch verkürzen. Kein Interesse.«

Bitte, lass mich endlich meinen Kaffee trinken!

Anrufer: »Aber Frau Wagner, ich will Ihnen doch nichts verkaufen. Und schon gar keine Anzeige! Die bekommen Sie von mir sogar geschenkt. Ich rufe an, weil ich so viel Gutes über Sie und Ihre Beratungen gehört habe und Ihnen ein Angebot unterbreiten möchte.«
Ich: »Aha?«

Misstrauisch runzelte ich die Stirn. Der wollte mir doch hundertprozentig irgendetwas andrehen.

Anrufer: »Wir möchten Sie gerne ins Fernsehstudio von Universum TV zu Probeaufnahmen einladen.«
Ich: »Und was sollen das für Probeaufnahmen werden?«

Eindeutig zu viel Input für mich am frühen Morgen.

Anrufer: »Frau Wagner, ich sag's jetzt einfach ganz direkt. Wir möchten Sie als TV-Beraterin ganz groß rausbringen, mit allem Zipp und Zapp und einer riesigen Werbeaktion.«
Ich: »Wie kommen Sie da ausgerechnet auf mich? Ich habe nicht die geringste Fernseherfahrung.«
Anrufer: »Wie ich bereits sagte, Ihr guter Ruf ist Ihnen vorausgeeilt. Und um das bisschen Fernseherfahrung machen Sie sich mal keine Sorgen, das kommt ganz von selbst.«

Ins Fernsehen wollte ich auf keinen Fall, das stand fest. Trotzdem interessierte es mich brennend, wie es hinter den Kulissen von Universum TV zuging. Urlaub hatte ich ja gerade auch. Warum also nicht?

Ich: »Okay, Herr Schmidt. Im Moment habe ich Urlaub und hätte für Probeaufnahmen grundsätzlich Zeit.«
Anrufer: »Das ist ja großartig, Frau Wagner! Sagen wir übermorgen gegen 12 Uhr im Studio?«
Ich: »Abgemacht.«
Anrufer: »Wunderbar! Ich schicke Ihnen gleich eine Bestätigungsmail, in der Sie alle weiteren Informationen finden.«
Ich: »Danke. Bis übermorgen.«

Nun war mein Kaffee doch kalt geworden.

Am übernächsten Tag fuhr ich mit dem Zug zu meinem TV-Casting. Nach vier Stunden kam ich endlich am Zielbahnhof an, und beschloss, mir für den restlichen Weg zum Studio ein Taxi zu gönnen. Dort wurde ich herzlich begrüßt und ohne Umwege in die Maske bugsiert. Man verpasste mir ein TV-gerechtes Make-up, während mich eine junge Dame, die aussah wie eine Produktions-Assistentin, briefte. Dann zückte sie einen Fragebogen.

Assistentin: »Was ist denn Ihr Alleinstellungsmerkmal bei Ihren Beratungen?«
Ich: »Alleinstellungsmerkmal? Tja, also ich weiß nicht. Ich lege Lenormand-Karten.«
Assistentin: »Aha. Und was bieten Sie sonst noch so an, was Sie von allen anderen Beratern unterscheidet?«

Wieder diese dämliche Frage!

Ich: »Öhm … eigentlich nur das?«

Die Dame seufzte und kritzelte etwas mit ihrem Stift auf das Blatt Papier.

Assistentin: »Gut. Über Ihr genaues TV-Profil können wir uns dann später noch Gedanken machen.«

Von diesen Vermarktungsstrategien ließ ich mich nicht aus der Ruhe bringen, denn ins Fernsehen wollte ich auf keinen Fall. Gut, dass das hier niemand wusste.

Für die Probeaufnahmen musste ich mich an einen Tisch in dem kleinen Fernsehstudio neben dem größeren Hauptstudio setzen, von wo aus die richtigen Shows gesendet wurden. Dann leitete man einen gestellten Anruf an mich weiter, und ich beriet den »Ratsuchenden« zu den Themen Liebe, Beruf und Finanzen, genau wie ich es von zu Hause tat, nur eben vor laufender Kamera und mit konkreter Zeitvorgabe. Insgesamt riefen mich fünf »Ratsuchende« an, die vermutlich Studiomitarbeiter waren und im Nebenraum saßen.

Die Aufnahmen dauerten insgesamt nicht länger als zwanzig Minuten. Danach durfte ich mir hinter den Kulissen eine Live-Show anschauen. Ich schlich also in das Hauptstudio, stellte mich ganz hinten in eine Ecke und beobachtete gespannt, was mir geboten wurde. An einem großen Tisch hockte ein porentiefgebräunter Typ mit schwarzen glänzenden Haaren und fuchtelte hektisch mit seinen Armen durch die Luft. Er sprach mit süddeutschem Dialekt, und ich musste mich stark konzentrieren, um überhaupt etwas von seinem Monolog zu verstehen. Ich hatte das unbestimmte Gefühl, den bayerischen Sonnenbank-Tester von irgendwoher zu kennen. Aber von woher?

Es klingelte im Studio.

Berater: »Hallo, Andy hier.«
Anruferin: »Hallo Andy, hier spricht die Doris.«

Nein, das konnte nicht sein. Ich erlebte gerade ein Déjàvu.

Berater: »Die Doris!«
Anruferin: »Andy, ich muss unbedingt mit dir reden. Ich bin immer noch durch meinen Ex-Partner blockiert, von dem ich im letzten Sommer herausgefunden habe, dass er seine angebliche Angelei nur dazu benutzt hat, um sich mit seiner heimlichen Geliebten zu treffen.«

Gibt's nicht! Das war tatsächlich Doris. Die Doris aus dem Kartenlegekurs, die nicht wahrhaben wollte, dass ihr Mann längst einen einzigen großen Fisch an seiner Angel hatte!

Berater: »Verstehe.«
Anruferin: »Ich merke einfach, dass ich mich auf keinen neuen Mann einlassen kann, weil ich noch immer den Ex in meinem Herzen trage. Obwohl es längst vorbei ist.«

Berater: »Du möchtest wahrscheinlich jetzt, dass ich dein Karma mit diesem Mann auflöse.«

Anruferin: »Unbedingt, Andy. Mir geht's überhaupt nicht gut. Der steckt immer noch in mir drin.«

Berater: »Gut, dann werde ich dich mithilfe der Karma-Kugel jetzt davon befreien.«

Astro-Andy griff nach einer durchsichtigen, funkelnden Kugel, über die er mit der anderen Hand in kreisenden Bewegungen strich.

Berater: »So, liebe Doris. Konzentriere dich bitte mal auf ihn. Ich geh jetzt in dein Karma rein.«

Während ich mich noch wunderte, wie der Berater Doris von etwas befreien wollte, von dem man sich angeblich niemals befreien konnte, schloss Astro-Andy seine Augen. Vermutlich war dies sein Alleinstellungsmerkmal: die alleinige Macht darüber, das unlösbare Karma zu lösen. Astro-Andy begann inbrünstig zu stöhnen und ruderte dabei mit seinen Armen und Händen.

Berater: »Ich bin jetzt schon in dir drin.«

Ich hielt mir beide Hände vor den Mund, um nicht laut loszulachen.

Berater: »Ich hab ihn!«

Lord VoldeKarma hechelte nun schneller.

Berater: »Oh, was sitzt der tief und fest in deinem Herz-Chakra! Das ist ein ganz heftiges Karma!«

Anruferin: »Wo sitzt der?«

Berater: »Ich habe ihn in deinem Herz-Chakra. Wenn du mir die Erlaubnis gibst, dann werde ich dich davon erlösen.«

Anruferin: »Oh ja!«

Der »Godfather-of-Karma-Kill« streckte seine freie Hand in Richtung Kamera.

Berater: »Ich nehme jetzt ganz intensiven Kontakt zu dir auf, und dann ziehe ich ihn dir raus.«

Prust!

Berater: »Dann bist du endlich wieder frei. Frei für einen neuen Partner.«

Karma-Kill stöhnte und röchelte noch lauter und schwitzte wie ein Stier.

Berater: »Ich ziehe es jetzt ab!«

Er stöhnte und keuchte und schien zu hyperventilieren.

Berater: »Puh, mir wird furchtbar heiß.«

Er grunzte und keuchte.

Anruferin: »Oh ja, Andy, bitte!«

Er röchelte.

Nein!!! Ich fühlte mich wie bei Sex TV, und endlich wusste ich auch, an wen mich Lord VoldeKarma erinnerte – an Brisko Schneider, die ehemalige Paraderolle von Bastian Pastewka. Hätte Astro-Andy seine Anrufer mit »Hallo, liebe Liebenden« begrüßt, wäre ich sofort drauf gekommen!

Berater: »Ich kann ihn ganz genau sehen.«

Er stöhnte.

Anruferin: »Aaaaaahhhh!«

Doris hechelte jetzt mit Brisko im Duett.

Berater: »Es ist geschafft, meine Liebe. Dein Karma ist nun für alle Ewigkeit in meiner Kugel eingeschlossen. Ich wünsche dir alles Liebe und Gute.«

Das ist am Schluss aber schnell gegangen, wunderte ich mich. Wahrscheinlich war die vorgegebene Zeit um.

17. KAPITEL

Dagoberts Erben

Es ist schon erstaunlich, welche Blüten menschliche Gier treibt und zu welchen firmenpolitischen Entscheidungen sie führt.

Ab und an klingelte bei mir das Telefon zwecks »Berater-Betreuung«. Portal-Angestellte, die nie selbst eine Beratung durchgeführt und keinen blassen Schimmer von der Materie hatten, sollten uns erzählen, wie das alles funktionierte. Besonders ein Gespräch ist mir dabei in bleibender Erinnerung geblieben.

Ich: »Wagner.«

Betreuer: »Guten Tag, Frau Wagner. Werner Mottke vom Astro-Betreuer-Team. Haben Sie kurz Zeit für mich?«

Ich: »Hallo Herr Mottke. Ich habe gerade Zeit.«

Betreuer: »Das ist schön. Ich möchte nämlich eine wichtige Sache mit Ihnen besprechen. Bei unserer letzten Teamkonferenz haben wir beschlossen, unser Portal zu dem Portal mit den zufriedensten Anrufern zu machen.«

Ich: »Das hört sich gut an.«

Betreuer: »Ist es auch. Unser Ziel besteht darin, die Gesamtanzahl der schlechten Bewertungen unter einem Prozent zu halten und dadurch noch attraktiver zu werden. Dazu sollen Sie als Berater ausschließlich positive Gespräche führen. Die Anrufer sollen sich nach einer Beratung zufriedener fühlen und optimistisch in die Zukunft schauen.«

Ich: »Na ja, das ist zwar gut gemeint, aber ich kann unmöglich jedes Mal nur schöne Dinge erzählen.«

Betreuer: »Doch, das können Sie. Das müssen Sie sogar! Ansonsten wird Ihre Gesamtnote bald nicht mehr dem Standard unseres Portals entsprechen, sodass wir uns leider von Ihnen trennen müssten.«

Aha, also ein Erpressungsversuch.

Ich: »Ich weiß nicht, ob ich das kann. Das würde bedeuten, die Leute bewusst anzulügen.«

Betreuer: »Wer spricht denn hier von Lügen? Sehen Sie mal, Frau Wagner, durch schlechte Prognosen frustrieren Sie den Ratsuchenden. Aus dem Frust heraus schreibt der Anrufer Ihnen dann eine schlechte Bewertung und gibt Ihnen die Schuld an seiner unbefriedigenden Situation. Dem wollen wir entgegenwirken, indem wir unsere Kunden motivieren und ihnen die Möglichkeit einer glücklichen Zukunft aufzeigen.«

Ich: »Das würde bedeuten, Scheiße in Gold zu verwandeln. Entschuldigen Sie meine Ausdrucksweise, aber ich denke, das trifft es am besten.«

Betreuer: »Aber, aber, sehen Sie das doch nicht so negativ. Es wird sich garantiert auszahlen für Sie.«

Ich: »Herr Mottke, ich kann Ihnen nichts versprechen.«

Betreuer: »Wir werden sehen. Es gibt noch einen weiteren Punkt. Wir möchten gerne neue Beratungsmethoden in unser Angebot aufnehmen, die Ihr Profil interessanter

für den Anrufer machen. Ich sehe, dass Sie Kartenlegerin sind. Davon haben wir um die 2000 Berater auf der
Line. Könnten Sie sich vorstellen noch eine weitere Art
der Zukunftsdeutung anzubieten, um sich von der brei-
ten Masse abzuheben?«

Na, das kam mir doch bekannt vor. Auch die Assistentin
vom TV des Universums wollte unbedingt ein Alleinstellungsmerkmal aus mir hervorzaubern.

Ich: »Schwierig. Ich kann nur Karten legen.«
Betreuer: »Mhm ... Vielleicht könnten Sie ja etwas erfin-
den?«

Das hier war jetzt allerdings ein Hammer. Man wollte
mich zum wiederholten Mal zum Betrug animieren!

Ich: »Ich werde darüber nachdenken, Herr Mottke. Ich
muss jetzt aber Schluss machen, habe gleich noch einen
Termin.«
Betreuer: »Kein Problem, Frau Wagner. Meine Nummer
haben Sie. Rufen Sie einfach an, wenn Ihnen etwas ein-
fällt.«

Ich war froh, als ich Herrn Mottke abgewimmelt hatte.
Angerufen habe ich ihn bis heute nicht.

Das nächste Mal klingelte bei mir zwar nicht das Telefon, dafür befand sich eine ausführliche E-Mail der Astro-
Geschäftsführung in meinem Postfach, die mich über gewisse neue »Standards« informierte. Es galt fortan etwa,
eine Gesprächsdauer von 20 Minuten nicht zu unter-

schreiten und abschließend den Kunden darauf hinzuweisen, dass man natürlich gerne auch für weitere Gespräche zur Verfügung stünde. Eine Nichtbeachtung dieser »Standards« würde sich laut E-Mail negativ auf meinen Beraterstatus, mein Ranking und somit meine Anruferzahlen auswirken.

Diese nett formulierte E-Mail hinterließ einen bitteren Nachgeschmack bei mir. Ich wusste nur zu gut, wie teuer 20 Minuten an der Strippe waren. Nur die wenigsten Anrufer konnten sich die Beratung einer Kartenlegerin wirklich leisten, ohne in eine noch schiefere finanzielle Lage zu geraten. Die Umsetzung der neuen »Standards« fand ich äußerst problematisch.

Von den meisten meiner Kunden kannte ich die finanzielle Situation mehr als genau. Nicht selten hatten sie bereits Kredite aufgenommen, um weitere Gespräche über ihre Zukunft führen zu können. Die Astro-Line ermöglichte den Ratsuchenden ein individuelles monatliches Kundenlimit einzurichten, um die Kosten besser im Auge zu behalten. Hatte Frau Meier zum Beispiel 50 Euro Guthaben für den gesamten Monat Juli, verbrauchte ihr Guthaben aber schon am 1. Juli, konnte sie erst ab dem 1. August die nächsten 50 Euro vertelefonieren. Soweit die Theorie.

In der Praxis fanden die Anrufer auch hier wieder Schlupflöcher. Es gab etwa die 0900er-Servicenummer, über die ganz ohne Registrierung telefoniert werden konnte und bei der die entstandenen Kosten später bequem mit der Telefonrechnung abgebucht wurden. Bei Zahlungen per Kreditkarte waren außerdem sogar Gespräche zwischen 2000 bis 5000 Euro monatlich gedeckt.

Sie glauben nicht, dass das irgendjemand wirklich macht? Leider liegen Sie da gründlich falsch.

Oftmals beginnen die Kunden mit einer Kreditkarte, und wenn deren Deckung ausgeschöpft ist, geht es munter mit der zweiten und dann dritten Plastikkarte weiter. Und schon hat die Schuldenfalle zugeschnappt.

Spätestens an diesem Punkt müssten die Ratsuchenden wissen, dass es allerhöchste Eisenbahn ist, unter ihr Telefon-Hobby einen dicken Strich zu ziehen. Leider ist häufig genau das Gegenteil der Fall. Dann erreichten mich Anrufe wie der von Patty.

Patty: »Hallo Süße, hier spricht mal wieder Patty.«
Ich: »Hallo Patty, was liegt dir auf dem Herzen?«

Patty war eine treue Stammkundin von mir, die es schon seit längerer Zeit mit ihrer Anruferei übertrieb und die Beraterliste von oben nach unten abtelefonierte.

Patty: »Bianca, ich bin so traurig. Schau dir doch mal meine Finanzen im Kartenbild an.«
Ich: »Ja, gerne.«
Patty: »Danke.«

Pattys finanzielle Umstände kannte ich zwar auch ohne Karten, doch die Kundin war Königin. Als die Karten lagen, wurde mein Verdacht bestätigt.

Ich: »Deine Lage ist angespannt, Patty. Du solltest dringend deine Ausgaben überprüfen und schauen, wo du eventuelle Einsparungen vornehmen kannst.«

Mir war es untersagt, Patty direkt zu verdeutlichen, dass ihr finanzieller Engpass ausschließlich ihrem ungezügelten Anrufverhalten geschuldet war, deswegen bemühte ich mich, es ihr durch die Blume begreiflich machen.

Patty: »Ich weiß ehrlich gesagt nicht, wo ich noch sparen soll. Ich gehe kaum noch aus oder gönne mir etwas Besonderes.«

Patty wollte mich offensichtlich nicht verstehen. Ich beschloss, Tacheles mit ihr zu reden, wenngleich ich damit ein gewisses Risiko einging.

Ich: »Hast du dir schon mal ausgerechnet, wie viel Geld du monatlich für Kartenleger und Hellseher vertelefonierst?«

Patty: »Jaaaa … Aber darauf will ich auf keinen Fall verzichten. Außerdem ist es schon erheblich weniger geworden.«

Vermutlich war es nur deshalb weniger geworden, weil ihr die Bank den Geldhahn abgedreht hatte. Und was hieß »weniger«? Fünf Beratungsgespräche täglich anstatt zehn?

Ich: »Versteh mich nicht falsch, aber so viel kann in deinem Leben doch gar nicht passieren, dass du ständig Beratungen brauchst.«

Patty: »Aber ich brauche euch! Sonst mache ich vielleicht einen großen Fehler, und schon ist meine glückliche Zukunft futsch!«

Ich: »Glaub mir Patty, ständige Beratungen sind keine Garantie für eine glückliche Zukunft.«

Patty: »Jaaaaahaaa, ich weiß. Trotzdem! Ich bin so verunsichert und verwirrt.«

Ich: »Probiere es doch einfach mal aus, mit weniger als 100 Euro im Monat für Beratungen auszukommen. Das Limit kannst du ganz bequem beim Kundenservice einrichten lassen.«

Patty: »Also gut, ich überlege es mir. Ich muss jetzt auflegen. Ciao.«

Mir fiel Pattys leicht schnippischer Ton auf, in dem sie den letzten Satz gesagt hatte. Vermutlich war sie über meine direkte Art verärgert. Dabei hatte ich es nur gut gemeint.

Meine Vermutung wurde keine 15 Minuten später bestätigt, als mein Telefon klingelte. Es meldete sich eine Dame vom Kundenservice, die mir mitteilte, dass sich die Kundin Patty über mich beschwert hatte. Angeblich hatte ich ihr Vorschriften gemacht, wofür sie ihr Geld (welches Geld?) ausgeben sollte, und ihr gleichzeitig untersagt bei der Astro-Line anzurufen. Ich schilderte der Frau vom Kundenservice den Verlauf des Gesprächs und sagte ihr, dass die Kundin schon seit längerer Zeit nur noch auf Pump existierte und sich die Gespräche eigentlich gar nicht leisten konnte. Zu meiner Verwunderung bestätigte mir die Mitarbeiterin dies, Patty war bis vor Kurzem gesperrt gewesen, da sie die letzten Gespräche nicht pünktlich bezahlt hatte. Ich einigte mich mit der Servicemitarbeiterin darauf, zukünftig meine Bedenken nicht dem Kunden gegenüber zu äußern, sondern di-

rekt der Kundenbetreuung Bescheid zu geben. Zähne-
knirschend schrieb ich Patty eine nette Mail, in der ich
ihr mitteilte, ihr nie Vorschriften machen zu wollen. Der
Kunden-Support wollte sie unter gar keinen Umständen
als treue Kundin verlieren.

18. KAPITEL

Tierisch gut

In unserer leider oft sehr anonymen Gesellschaft avancieren immer häufiger Hunde, Katzen, Wellensittiche, Kaninchen oder exotische Reptilien zum besten Freund des Menschen. Neueren Forschungsergebnissen zufolge sind Menschen mit Haustieren in der Regel sogar gesünder und glücklicher als solche, die keine Haustiere halten.

Eine indianische Weisheit besagt: »Lerne mit einem Tier so zu kommunizieren, wie du es mit deinem Bruder tust. Beobachte es, sieh zu, wie es lebt, versuche hinter seine Träume zu kommen. Stimme dich ruhigen Geistes auf das Tier ein und achte auf all seine Emotionen. Dann wird seine Seele sanft auf dich zugleiten. Es wird dir seine Liebe, aber auch seine Kraft schenken.«

Nicht jedem Tierbesitzer gelingt es allerdings trotz redlichen Bemühens mit seinem Tier so zu kommunizieren, dass keine Fragen offenbleiben. Und so werden auch hier Kartenleger, Hellseher und Pendler angerufen oder beim Astrologen ein individuell berechnetes Tierhoroskop für Kater Mikesch in Auftrag gegeben, um das Seelenleben des Vierbeiners zu durchleuchten.

Mein Telefon klingelte häufig, wenn das geliebte Tier entlaufen war. Die Besitzer sorgten sich, ob dem Tier womöglich etwas zugestoßen war und ob sie es jemals wiedersehen würden. Diese Ängste konnte ich absolut nachvollziehen und half gerne mit einem Blick in die Karten weiter, wo meistens ein Happy End für die Tierbesitzer lag.

Es erreichten mich aber wiederum auch Anrufe zum Thema Reich der Tiere, die absonderlicher nicht hätten sein können.

Anruferin: »Hallo Bianca, hier ist die Irmi. Ich habe nur eine ganz kurze Frage, weil ich gleich einkaufen fahren wollte.«

Ich: »Hallo Irmi, dann schieß mal los.«

Anruferin: »Also, ich habe heute Mittag eine Reklame im Briefkasten gehabt, dass das Bio-Soft Katzenstreu in unserem Tiermarkt diese Woche im Sonderangebot ist.«

Ich: »Okay …«

Anruferin: »Das Problem ist, dass ich sonst für Bruno und Daisy immer das Bio-Fresh kaufe. Und jetzt weiß ich nicht, ob meinen Katzen das andere Katzenstreu überhaupt gefallen würde. Kannst du da mal eben in den Karten nachgucken?«

Irmis eigenartige Frage stellte mich vor ein besonderes Problem: Wie um alles in der Welt sollte ich aus den Karten eine Kombination für Katzenstreu herauslesen? Ich legte das Kartenbild und suchte zuerst den Fuchs, der für mich Katzen symbolisierte. Glücklicherweise lagen die Fische für das Geld, das Schiff für den Einkauf und der Blumenstrauß für die glückliche Wahl daneben. Ich war erleichtert und konnte Irmi grünes Licht für ihren Einkauf geben.

Ein paar Wochen später rief mich Irmi wieder an.

Anruferin: »Bianca, hier ist die Irmi.«

Ich: »Hallo Irmi, wie geht's?«

Anruferin: »Ach Bianca, ganz schlecht geht es mir. Ich bin völlig durch den Wind.«

Ich: »Was ist los?«

Anruferin: »Es geht um die Daisy, meine Glückskatze. Sie kratzt seit ein paar Tagen immer wieder an den Wänden unseres Hauses. Du musst wissen, wir leben in einem Haus, dass schon über hundert Jahre alt ist.«

Ich: »Aha …«

Anruferin: »Gestern war ich bei einem Medium und habe erfahren, dass in unserer Wohnung mal eine Frau gelebt hat, die bei lebendigem Leibe begraben wurde.«

Das Medium sollte vielleicht hauptberuflich Schauergeschichten schreiben?

Ich: »Das hört sich aber sehr ominös an.«

Anruferin: »Ich bin auch völlig fertig. Sag mal, kann das sein, dass die Daisy eine Reinkarnation von dieser Frau ist?«

Ich: »Von dem Medium?«

Anruferin: »Nein, von der Frau, die sie lebendig begraben haben und die vorher in der Wohnung gelebt hat.«

Ich: »Wie kommst du denn darauf?«

Anruferin: »Na, weil sie doch die ganze Zeit an den Wänden kratzt. So, als wenn sie raus will … Du weißt schon, aus dem Sarg raus will.«

Normalerweise hätte ich über diesen Quatsch gelacht, doch Irmi schien es tatsächlich ernst zu sein. Also legte ich ein Kartenbild und versicherte ihr dann, dass Daisy nicht die Reinkarnation einer vormals unter mysteriösen Umständen gestorbenen Frau war. Ich riet Irmi, im Tiermarkt einen neuen Kratzbaum und etwas Katzenminze zu erstehen, und versprach ihr, dass sich so das Kratzproblem in Windeseile erledigen würde. Insgeheim baute ich auf Irmis gesunden Menschenverstand und dass sie erkennen würde, dass ihr vermeintliches Medium ein Quacksalber war. Bei Irmis nächstem Anruf musste ich allerdings erfahren, dass ich vergeblich gehofft hatte.

Anruferin: »Hallo, die Irmi spricht. Bianca, ich brauche bitte wieder deinen Rat. Ich war gestern noch mal bei dem Medium, das Jenseitskontakte herstellen kann.«

Och, nö. Irmi!

Anruferin: »Es geht heute um meinen Kater Bruno. Ich habe dem Medium erzählt, dass Bruno schon immer schrecklich dominant und eigenwillig war. In letzter Zeit ist es aber noch schlimmer geworden. Das Medium ist dann ganz tief in die Seele meines Katers reingegangen und hat mir den wahren Grund für sein Verhalten mitgeteilt. O Gott, das ist alles so furchtbar.«

Irmi klang gar nicht gut. Ich war jetzt schon wütend auf dieses Medium, ohne zu wissen, was es Irmi für einen neuen Unfug erzählt hatte. Wie konnte man nur so verantwortungslos mit Menschen umgehen? Ich musste Irmi unbedingt beruhigen.

Ich: »Erzähl mir mal, was angeblich mit Bruno los ist. Ich werde dann mit meinen Karten überprüfen, ob das denn wirklich stimmt.«

Anruferin: »Bruno unterdrückt die Daisy total. Er hat diesen einen ganz besonderen Blick und führt sich oft auf wie ein Diktator.«

Ich: »Aha?«

Anrufer: »Das Medium hat mir gesagt, dass das daran liegt, dass der Bruno die Reinkarnation von Hitler ist!«

Ich: »Grmpf …«

Ich biss in ein Paket Taschentücher, dass ich Gott sei Dank neben mir liegen hatte. Das war ja nicht zum Aushalten! Kater Bruno war die Reinkarnation von Hitler und führte in Irmis 3-Zimmer-Wohnung den totalen Krieg fort.

Anrufer: »Was siehst du denn in den Karten, Bianca?«

Okay, Haltung bewahren und Irmi von dem wiederholten Irrtum ihres Mediums überzeugen.

Ich: »Also, ich kann hier nichts erkennen, was darauf hinweist, dass Bruno die Reinkarnation von Hitler ist. Er hat lediglich einen starken Bewegungstrieb.«

Anrufer: »Aber er liegt am liebsten auf einer roten Decke. Und die Farbe Rot war ja auch in der Reichsflagge enthalten.«

Ich: »Ach, Irmi. Tausch die Decke gegen eine grüne aus, und du wirst feststellen, dass er sich da genauso gerne drauflegen wird.«

Anrufer: »Meinst du?«

Ich: »Na klar.«

Anrufer: »Mhm … Aber eine Sache verstehe ich nicht. Mein Medium hat mir gesagt, ich könnte testen, ob Bruno wirklich Hitler ist.«

Ich: »Da bin ich aber gespannt.«

Anrufer: »Ich habe mit ihm auf Englisch gesprochen, und er hat nicht reagiert. Das ist doch ein Zeichen dafür, dass er kein Englisch mag, sondern nur Deutsch. Oder?«

Ich: »Äh … Bruno ist definitiv nicht Hitler, er versteht wahrscheinlich bloß kein Englisch.«

Nach einigem Hin und Her ließ sich Irmi schließlich doch noch überzeugen, dass sie nicht mit der Reinkarnation von Hitler abends auf dem Sofa hockte, und legte beruhigt auf.

Und nicht nur Irmi hatte tierische Sorgen.

Anruferin: »Hallo, Flora hier. Ich überlege schon seit Längerem, ob ich mir einen Hamster anschaffen soll. Kannst du mal in die Karten gucken, ob das eine gute Idee ist?«

Ich: »Die Karten stehen dafür gut. Du scheinst ja auch Erfahrung mit Hamstern zu haben.«

Anruferin: »Ich hatte als Kind schon mal einen.«

Ich: »Dann passt das doch gut.«

Anruferin: »Kannst du mir noch sagen, wie ich ihn nennen soll?«

Ich: »Denke dir doch einfach einen Namen aus.«
Anruferin: »Nachher ist das aber nicht der richtige Name.«

Es war nicht zu fassen.

Ich: »Natürlich wird das der richtige Namen sein.«
Anruferin: »Und wie sieht der dann aus?«

Wie ein Hamster?

Ich: »Klein und braun.«
Anruferin: »Und wann und wie wird er dann sterben?«

Das reicht. Da soll sie bitte jemand anderen fragen.

Ich: »Das liegt nicht in den Karten.«
Anruferin: »Okay, danke.«

Lukrativ wurde es jedes Mal, wenn Sanne anrief. Sie besaß ein Gestüt mit 900 Pferden und hatte es sich in den Kopf gesetzt, von jedem Pferd (ich wiederhole: jedem) den genauen Gemütszustand abklären zu lassen. Unsere Gespräche wurden nach 60 Minuten automatisch von der Astro-Line unterbrochen, und meistens hatten wir zu dem Zeitpunkt keine dreißig Pferde besprochen. Ich weiß nicht, ob sie die 900 Pferde bis heute durchhat.

19. KAPITEL

Aktenzeichen Herzensmann ungelöst

Was tut man eigentlich als unglücklich Verliebter, der sich mehrmals durch die Listen sämtlicher Berater und Portale durchtelefoniert hat, wenn der Kreditrahmen für weitere Kartenlegegespräche ausgeschöpft und der Herzensmann immer noch nicht in Sicht ist? Wenn sich sogar die einst besten Freunde standhaft weigern, die Geschichten über den Angebeteten zum 184. Mal über sich ergehen zu lassen?

Man sucht sich Gesprächspartner, die nicht müde werden, über das leidige Thema zu reden. Und wo findet man die am besten? Auf der Astro-Hotline. Dem Eldorado für alle Liebeskranken und solche, die es werden wollen. Also ran an die Tastatur, selbst Berater werden und mit dem Hobby Liebesleid sogar noch eine Menge Geld verdienen.

Durch eindeutige Profiltexte umgeben sich die Liebeskummerexperten mit der entsprechenden Zielgruppe und gründen einen schönen Jammertrupp für kollektives Liebesleiden. Sie meinen, ich übertreibe ein wenig? Oh nein. Schauen Sie sich auf einem der vielen Esoterikportale um und klicken Sie einige Beraterprofile an, besonders die, die so einschlägige Namen tragen wie »Seelensicht«, »Seelensegen«, »Karmafee«, »Seelenfee«, »Soulangel« oder auch »Soulvoice«. Sie können sich sicher sein, da werden Sie geholfen. Diese Berater werden Ihren heimlich Angebeteten mit wachsender Begeisterung bis ins kleinste Detail auseinandernehmen und analysieren. Während des Gesprächs werden auch garantiert Gründe und Erklärungen gefunden, warum er oder sie sich nicht meldet und einen Ehering trägt und warum das alles sowieso bloß Karma ist und Ihre Dualseele dafür rein gar nichts kann.

Meine kleine Einführung in die Welt der professionellen Liebesleider wird Ihnen die Suche und das Finden dieser Berater-Spezies sicherlich erleichtern.

1. Die Anrede

Berater, die ihre Kunden im Profil mit »Liebe Seele« ansprechen, sind grundsätzlich als verdächtig einzuordnen. Welcher halbwegs normale Kartenleger spricht den Ratsuchenden mit »Seele« an, wenn er nicht unbedingt über deren Seelenleid (und insbesondere sein eigenes) sprechen möchte?

2. Die Situationsbeschreibung

Um sicherzugehen, dass sich nur echte Liebeskranke angesprochen fühlen, folgt im Profil eine möglichst vage Beschreibung der Liebeslage:

Vielleicht erkennst du dich in folgender Situation wieder: Du begegnest einem Menschen, blickst ihm tief in die Augen, und mit einem

Mal, du kannst dir nicht erklären warum, ist alles anders in deinem Leben. Euch verbindet etwas so Großes und vor allem Unerklärliches. Wenn aus dieser Liebe Leiden entstanden ist, das uns auf der Stelle treten lässt und uns an Lebensqualität beraubt, sollten wir in uns gehen, lernen uns selbst zu verstehen und Muster aus vergangenen Leben aufzulösen. Unser Leid resultiert daraus, dass wir unsere Hausaufgaben aus vorherigen Leben (Karma) nicht gemacht haben. Dies zeigt sich meistens bei Begegnungen mit karmischen Partnern, Seelenpartnern oder Dualseelen.

Es folgen ausführliche Definitionen von karmischen Partnern, Seelenpartnern und Dualseelen, die so formuliert sind, dass ungefähr jeder unglücklich Verliebte sich darin wiederfindet. Diesen Text hätte der jeweilige Berater auch in der Ich-Form schreiben können, denn alles dies trifft 100%ig auch auf ihn zu.

3. Der Psychotest

Damit der Ratsuchende auch wirklich sicher ist, bei diesem Berater an der richtigen Stelle zu sein, folgt meist ein »Fragebogen«, der an einen abgekupferten Psychotest aus einer Frauenzeitschrift erinnert:

- Kannst du dir nicht erklären, warum dein(e) Partner(in) eure Beziehung immer wieder beendet?

- Fragst du dich, ob er/sie dich wirklich liebt und wie wichtig ihm/ihr eure Beziehung ist?
- Überlegst du ständig, was du tun kannst, um eure Beziehung zu festigen?
- Spürst du eine überirdische und unkontrollierbare Anziehungskraft zu ihr/ihm?
- Hast du das Gefühl, noch nie zuvor in deinem Leben so intensiv von einem Menschen berührt worden zu sein?
- Ist dein letzter Gedanke des Tages ihm/ihr gewidmet?
- Denkst du morgens beim Aufwachen sofort wieder an sie/ihn?
- Hast du sehr reale und eindringliche Träume von ihr/ihm und das Gefühl, sie/ihn förmlich spüren zu können?
- Ist sie/er den ganzen Tag über in deinen Gedanken präsent?
- Machen dir Freizeitbeschäftigungen ohne sie/ihn keinen Spaß mehr?
- Kannst du vor lauter Liebe zu ihr/ihm nicht mehr deiner Arbeit nachgehen?
- Zittert deine Hand, wenn du den Telefonhörer nimmst, um sie/ihn anzurufen?
- Verausgabst du dich regelmäßig für diese besondere und einzigartige Liebe?

4. Die Testauswertung

Konntest du alle Fragen mit ja beantworten, dann gratuliere ich dir: Du hast Deinen Seelenpartner, Deine Dualseele, Deinen Karmapartner oder Deine Zwillingsseele gefun-

den! Eure einzigartige und tiefgehende Liebe
stellt euch vor eine große Herausforderung
und ist oft mit viel Leid verbunden, da der
eine Partner in den meisten Fällen in einer
anderen Beziehung steckt. Du bist extremen
»Gefühlsduschen« ausgesetzt, bist von him-
melhochjauchzend bis zu Tode betrübt und das
meistens von einem Augenblick zum nächsten.

Möchte nicht spätestens jetzt jeder Liebeskummerkandidat unbedingt mehr über diese »besondere Liebe« erfahren? Häufig erging es dem Berater einmal genau so, wie
es gerade seinen Ratsuchenden geht. Auch seine Freunde
haben vergeblich mit Engelszungen auf ihn eingeredet
und letztendlich entnervt das Handtuch geworfen, weil
sich der unglücklich Verliebte beharrlich weigerte, von
seinem »Alles wird gut«-Mantra abzulassen.

5. Das Outing

Doch was qualifiziert den Berater nun wirklich? Was
zeichnet ihn als den einzige wahren Experten für die verzweifelte Situation des Ratsuchenden aus? Sein Outing!

Ich weiß genau, wie du dich fühlst, denn
auch ich selbst war jahrzehntelang unaufhör-
lich auf der Suche nach der einen wahrhafti-
gen Liebe. Mein Weg führte mich durch viele
Täuschungen und Enttäuschungen, um meine
Wahrnehmung für die aufrichtige Liebe zu

schulen. Jetzt darf ich sie mit meinem See-
lenpartner leben und in ihr mit ihm wachsen.
Durch meine eigenen Erfahrungen werde ich
dich auffangen und mit dir den richtigen Weg
finden, damit du bald wieder lachen kannst
und deine Seele nicht mehr weint.

Oftmals ist dies allerdings nur die halbe Wahrheit, denn in den wenigsten Fällen möchten sich Kartenleger, die sich in einer realen glücklichen Partnerschaft wähnen, freiwillig mit solch extremen und anstrengenden Kunden belasten – es sei denn, sie haben eine ausgeprägte masochistische Ader. Meist entspringt diese »gelebte wahrhafte Liebe« der blühenden Fantasie des Beraters und dient als reiner Selbstschutz. Denn welcher Liebeskummerkandidat möchte sich schon von einem anderen Liebeskranken beraten lassen, der sein eigenes Leben noch viel weniger im Griff hat als er selbst? So präsentiert sich der Astro-Berater lieber durch seine fiktive Vorbildrolle, an die er wenigstens während seiner Beratungsgespräche fest glauben kann.

6. Typische Beratungsmethoden und »Qualifikationen«

- *Spirituelles und psychologisches Coaching*
  Dieser Berater hat nie eine wirklich fundierte psychologische Ausbildung genossen. Gerne wird hier auch angegeben, »in der Ausbildung zum Heilpraktiker für Psychotherapie« zu sein. Die Bezeichnung »Hobby-Psychologe« trifft jedoch am ehesten den Nagel auf

den Kopf. Über dieses Wissen verfügt auch jede gute Freundin beziehungsweise jeder gute Freund – und das für ganz umsonst.

- *Spezielle Legesysteme mit eigens entwickelten Karmakarten*
  Dieser Berater kann angeblich karmische Hintergründe und die diesbezüglichen Stolpersteine offenlegen. Was eigens entwickelte Karten bedeuten, hat uns bereits Andromeda klargemacht. So spart sich der Berater die Mühe, sich altes überliefertes Wissen anzueignen.
- *Karma-Blockadenlösung*
  Hier versucht mal wieder jemand, das Unlösbare zu lösen. Siehe 15. Kapitel.
- *Spezielles Coaching für den richtigen Umgang mit Beziehungsängstlichen, Näheverweigerern, Toter-Mann-/Frau-Spielern sowie Herzensdamen und Herzensmännern, die sich nicht festlegen können.*
  Zu dieser Beratungsmethode würden mir noch viele weitere Bezeichnungen wie »Nichtinteressierte/r«, »Nichtverliebte/r« oder schlicht und ergreifend »Er/Sie steht nicht auf dich« einfallen. Wofür braucht der Anrufer ein spezielles Coaching, wenn sein Gegenüber schlicht null Interesse hat und wahrscheinlich sogar schnell die Straßenseite wechselt, wenn es zu einer Begegnung mit dem/der Liebessüchtigen kommt?

Auf die Headlines mit den Haupt-Beratungsmethoden folgt häufig eine Liste mit den bestechenden Qualifikationen der Berater. Zu den beliebtesten gehören: Reiki-Meisterin, Reiki-Lehrerin, Engel-Ki-Einweihung, Heilpraktikerin für Psychotherapie (noch in der Ausbildung, versteht sich), Kartenlegeseminar bei einem professionellen, hellsichtigen Medium, Mediales Coaching, Familienaufstellungen, Rückführungen und Schattenseminare.

Für den Fall, dass Sie das alles noch nicht überzeugt hat, offenbart sich manch ein Karmaexperte dann doch ein wenig und schreibt am Ende der Liste noch einen Text wie diesen:

Ich biete Analyse und Begleitung in schwierigen Seelenpartnerbeziehungen (Karmapartner, Dualseelen, Zwillingsflammen, Seelenpartner, Seelengeschwister), für die ich aufgrund meiner eigenen Entwicklung durch karmische Partner und meiner Dualseele prädestiniert bin (Selbstliebe, Abhängigkeit von Menschen und Suchtverhalten in der Liebe).

Sollte das alles noch nicht ausreichend eingeschlagen haben, werden das Hinzuziehen von Gott und das Zitieren von Gabriel García Márquez sicher ihr Übriges tun:

Vielleicht hat Gott es vorgesehen, dass Du im Laufe Deines Lebens viele falsche Menschen kennenlernst, damit Du, wenn Du den richtigen triffst, ihn auch zu schätzen weißt und dankbar für ihn bist.

Sollte der Liebeskummerkandidat nun tatsächlich zum Hörer greifen, so macht er auf alle Fälle eins: einem weiteren »falschen Menschen« sein Erspartes schenken. Ich bezweifle, dass Gott so etwas wirklich möchte.

20. KAPITEL

Vom Umgang mit Beratern

Sie kennen sicherlich die folgende Situation: Ihr Kühlschrank ist leer, Sie müssen dringend Lebensmittel kaufen. Also auf geht's in den nächsten Supermarkt. Dort angekommen, machen Sie den Einkaufswagen voll bis zum Rand, bis keine einzige Kaugummipackung mehr hineinpasst. Sie schieben den Wagen mit den Leckereien daraufhin zur Kasse, legen die Ware aufs Band und packen alles wieder in den Einkaufswagen ein.

»Das macht 376,89 Euro«, sagt die Kassiererin.

»Das sehe ich aber jetzt nicht ein. Wieso soll ich die ganzen Lebensmittel zahlen«, entgegnen Sie, »wenn ich nicht weiß, ob mir alles davon schmeckt?«

Wer kennt das nicht? Nein? Sie nicht? Da erzähle ich Ihnen mal ein bisschen von der Zahlungsmoral einiger Astro-Kunden. Für nicht wenige Ratsuchende ist solch ein Verhalten nämlich völlig normal, wie folgende Geschichte zeigt:

Babsi war alleinerziehende Mutter von zwei kleinen Kindern, Hartz-IV-Empfängerin und mit ihrem Leben hoffnungslos überfordert. Sie rief mich phasenweise an. Wochenlang mehrmals am Tag, dann monatelang gar nicht (vermutlich war dann ihr Account wegen nicht bezahlter Gespräche inaktiv), bis sie plötzlich wieder aus der Versenkung auftauchte. Während einer ihrer intensiven Telefonphasen rief mich der Kunden-Support nach einem unserer Gespräche an.

Support: »Hallo Frau Wagner, wir haben ein kleines Problem mit der Anruferin Babsi23.«

Ich: »Wieso? Mit der habe ich doch gerade eben noch telefoniert.«

Support: »Die Kundin hat den letzten Anruf reklamiert, da kein Gespräch stattgefunden habe. Angeblich hat sie keine Verbindung zu Ihnen bekommen.«

Ich klickte auf meine Anruf-Historie.

Ich: »Dann habe ich aber geschlagene elf Minuten und 34 Sekunden unter massiver Einbildung gelitten. So lang dauerte nämlich das eben geführte Gespräch mit Babsi23.«

Support: »Das sehe ich auch im System. Ich wollte das nur mit Ihnen abgeklärt haben.«

Ich: »Wenn es wirklich so gewesen wäre, wie die Kundin behauptet, dann hätte sie sicher keine geschlagenen elf Minuten und 34 Sekunden in der Leitung ausgeharrt, sondern hätte aufgelegt, um sich noch mal einzuwählen.«

Support: »Das ist richtig. Danke für Ihre Hilfe.«

Ich: »Gern geschehen.«

Nachdem ich aufgelegt hatte, wunderte ich mich zwar eine Weilchen über Babsis sonderbare und gleichzeitig offensichtliche Strategie, Geld zu sparen, hakte das Ganze aber recht schnell unter »netter Versuch« ab. Nicht aber

Babsi23. Ein paar Tage später rief sie mich erneut an. Mit keiner Silbe erwähnte sie ihre Reklamation beim Kundenservice und ihr indirektes Anschwärzen. Stattdessen plapperte sie munter über ihre heimliche Liebe und führte ein ausführliches Gespräch mit mir von über einer halben Stunde. Mal sehen, was sie sich dieses Mal ausdenkt, sagte ich zu mir. Und ja, sie hatte sich wieder etwas ausgedacht. Etwas noch Dolleres. Wieder hatte ich eine nette Dame vom Support am Ohr. Zwar nicht sofort, aber eine Woche später.

Support: »Entschuldigen Sie die Störung, Frau Wagner, aber uns liegt ein Einschreiben Ihrer Kundin Babsi23 vor, zu dem ich Sie gerne befragen möchte.«

Ganz ruhig bleiben, Bianca.

Ich: »Was schreibt Sie denn?«
Support: »Sie hat eine Reklamation geschrieben.«

Oha, etwas Neues.

Support: »Sie weigert sich, das letzte Gespräch mit Ihnen zu bezahlen, da sie von Ihren Aussagen nicht überzeugt war und nicht weiß, ob sich Ihre Prognosen für die Zukunft als wahr herausstellen werden.«
Ich: »Das fällt der Kundin wirklich früh ein, denn seit mindestens vier Monaten reden wir bei jedem Gespräch über exakt das gleiche Thema, und sie stellt jedes Mal die gleichen Fragen.«
Support: »Sie beschwert sich in dem Brief auch über Sie,

dass Sie unfreundlich zu ihr gewesen wären und sie sich nicht gut bei Ihnen aufgehoben gefühlt hat.«

Ich: »Für meine angebliche Unfreundlichkeit hat sie mich aber doch recht häufig angerufen. Und ich kann mich an keine einzige schlechte Bewertung von ihr erinnern. Schon ein wenig komisch, das Ganze.«

Support: »Uns kommt es auch komisch vor, und die Sache mit *den* Bewertungen ist uns natürlich ebenfalls aufgefallen. Die Kundin hat Ihnen ja jedes Mal die komplette Punktzahl gegeben.«

Ich: »Ich sage Ihnen mal was, die Kundin ist Hartz-IV-Empfängerin und schlichtweg pleite. Sie hat zwei kleine Kinder zu versorgen und kann sich Anrufe bei einem Kartenleger schlicht nicht leisten. Schauen Sie mal auf den Kalender, es ist noch eine Woche bis zum ersten Mai. Vielleicht reichen die Lebensmittel nicht mehr bis zum nächsten Geldeingang, und nun versucht sie, anderweitig an Geld zu kommen.«

Support: »Danke für die Info, habe ich notiert.«

Was genau dann passierte, entzieht sich meiner Kenntnis. Vermutlich hat sie der Kunden-Support angerufen und ihr mitgeteilt, dass sie ihr Geld nicht zurückerstattet bekäme.

Ich erhielt dann doch noch eine bitterböse Bewertung. Ihre erste, wohlgemerkt! Danach sollte ich nie wieder einen Anruf von Babsi23 bekommen.

Doch Unsinn fabrizierten nicht nur die Kunden. So existierte beispielsweise ein geheimer und ziemlich dreister Wettstreit unter den einzelnen Lines, eigene Berater an sich allein zu binden und beliebte Berater von den Konkurrenzportalen abzuwerben. Dazu wurden erfolgreiche Kartenleger, Hellseher und Astrologen geradewegs vom Konkurrenzunternehmen auf der jeweiligen Astro-Line angerufen und mit lukrativen Angeboten (höhere prozentuale Auszahlung, kostenlose Werbekampagne usw.) geködert. Umgekehrt gingen einige sogar so weit, von den Beratern zu verlangen, dass sie exklusiv für das jeweilige Portal arbeiten sollten, was rein rechtlich der Förderung von Scheinselbstständigkeit gleichkommt. Nicht selten hörte ich von Kollegen, deren Berater-Account spontan von der Line deaktiviert wurde, weil sie sich Kunden gegenüber in einigen Punkten kritisch geäußert hatten (etwa wenn ein Kunde dabei war, sich in den Ruin zu telefonieren) oder weil den Portal-Inhabern schlicht und ergreifend die Nase des Kartenlegers, Hellsehers oder Astrologen nicht mehr gefiel. Daher konnten es sich viele Kollegen überhaupt nicht erlauben, nur auf einer Line tätig zu sein, wenn sie mit diesem Geld ihren kompletten Lebensunterhalt bestritten. Sie hätten jederzeit der Nächste sein können, der willkürlich gelöscht wird.

Doch sind es nicht gerade die Berater, die den Esoterik-Lines ihre Millionen-Umsätze bescheren, das Unternehmen am Laufen halten und somit Arbeitsplätze sichern? Mit welchem Recht beschimpfte ein Geschäftsführer (ein sachlicher Zahlenmensch, der Hellseherei und Co. für absoluten Quatsch hält, aber mit dem Geld der Kunden seine Luxus-Villa finanziert) eine gefragte Kartenlegerin am Telefon als »durchgeknallte Eso-Zicke« (das ist einer Kollegin tatsächlich passiert) und nimmt ihr danach die Existenzgrundlage? Ein kleiner Streik wäre manchmal durchaus angebracht, um die Damen und Herren in den Chefetagen zur Vernunft zu bringen. Leider kommt solch ein respektloses Verhalten nämlich viel zu häufig vor.

21. KAPITEL

Things I used to say

»Guten Tag, hier ist die Bianca. Wie geht es dir heute?«

Ein Gespräch begann bei mir grundsätzlich mit einer netten Begrüßung und der Frage, wie sich der Anrufer gerade fühlte. Das war für mich selbstverständlich und gehörte zum guten Ton, den jeder Kunde verdiente. Außerdem konnte ich mich anhand der ersten Sätze optimal auf das Gespräch und den jeweiligen Anrufer einstellen.

»Es tut mir sehr leid, aber …«

So leitete ich Antworten auf Fragen ein, die nicht den Wünschen bzw. Erwartungen des Anrufers entsprachen.

»Mache dir nicht so viele Sorgen und atme mal tief durch.«

Das sagte ich gerne zu Ratsuchenden, die hinter jeder Tür eine Katastrophe befürchteten und sich das Leben nur durch ihre eigenen Gedanken schwermachten.

»Nein, das stimmt so nicht. Hast du nicht gehört, was ich dir gerade gesagt habe?«

Nur Anrufer, die ihre Ohren komplett auf Durchzug stellten, hörten diesen Satz von mir. So zum Beispiel diese Kundin:

Anruferin: »Ich möchte gerne wissen, wann ich mit Klaus in einer glücklichen Beziehung bin.«

Ich: »Tut mir leid, aber ich kann keine zukünftige Partnerschaft bei euch erkennen.«

Anruferin: »Wie weit kannst du gucken?«

Ich: »Konkrete Zeitangaben sind schwierig.«

Anruferin: »Aber Klaus und ich kommen trotzdem ganz sicher zusammen?«

Danach musste ich die Kundin leider fragen, ob sie mir überhaupt zugehört hatte. Ich konnte mich beim besten Willen nicht daran erinnern, eine zukünftige Partnerschaft zwischen ihr und Klaus mit nur einer Silbe erwähnt zu haben.

Es gab außerdem Dinge, die ich jeden Tag x-mal sagte.

Wenn eine Kundin wissen wollte, ob sie im kommenden Jahr krank wird:

»Ich bin kein Arzt, deswegen kann ich leider nichts über deine Gesundheit sagen.«

Wenn ein Familienvater herausfinden wollte, wie er das alleinige Sorgerecht für die gemeinsamen Kinder mit seiner Ex bekommen kann:

»Eine Rechtsberatung kann ich leider nicht anbieten. Ich bin kein Jurist.«

Wenn der Wunschpartner in der vorherigen Woche eine andere Frau geheiratet hatte und die Ratsuchende wollte, dass er bald die Scheidung einreicht:

»Tut mir wirklich leid, aber ich kann nicht zaubern.«

Wenn die kürzlich verstorbene Oma ein Testament aufgesetzt hatte, das die Enkelin nicht mehr auffinden konnte:

»Ich biete keine Jenseitskontakte an, deswegen ist es mir nicht möglich, Kontakt zu deiner Oma herzustellen und sie zum Aufenthaltsort des Testaments zu befragen.«

Wenn ein verlassener Mann nicht akzeptieren wollte, dass seine Partnerin sich endgültig von ihm getrennt hatte:

»Ich biete keine Partnerrückführungen an. Nein, auch nicht privat.«

Wenn eine Kundin über starke Oberbauchschmerzen klagte:

»Ich führe keine Fernheilungen durch. Du solltest mit deinen Schmerzen unbedingt zum Arzt gehen.«

Am Ende jedes Gesprächs richtete ich noch ein paar ganz persönliche Worte an die Anrufer, je nachdem wie die Umstände es verlangten, und wünschte ihnen alles Gute.

Allerdings gab es auch Situationen, in denen ich mich in erster Linie selbst schützen musste. Das passierte, wenn Ratsuchende Grenzen überschritten und Dinge von mir verlangten, die ich nicht verantworten konnte.

Dazu zählten intime Fragen über Prominente, Ex-Partner und Wunschpartner ebenso wie Auskünfte über Kontostände von Nachbarn, Familienmitglieder und Arbeitskollegen.

Ich habe schnell gelernt, dass es nichts bringt, den Anrufern mit moralischen Bedenken zu kommen, da sie sich um alles andere als die gewünschte Antwort einen feuchten Kehricht scheren. In besagten Fällen bin ich einfach dazu übergegangen, von meinem Privileg als Kartenlegerin keinen Gebrauch zu machen und so zu tun, als ob ich nichts erkennen könne.

Aber kommen wir zurück zu spaßigeren Themen. Neulich wurde ich von einer Freundin gefragt, was denn die kuriosesten Fragen waren, die man mir je gestellt hat. Lesen Sie nun also meine ewige Top Ten der besten Kundenfragen:

Platz 10: »Wie sieht mein Herzensmann aus?«
Wenn du das nicht selbst weißt, wer dann?

Platz 9: »Wann sterbe ich?«
Kein Kommentar.

Platz 8: »Stehen meine Joggingschuhe noch bei ihm neben der hölzernen Kommode mit den grünen Griffen, oder hat er sie nach unten in den Keller gebracht?«
Kein Scherz, solche Fragen wurden mir tatsächlich regelmäßig gestellt.

Platz 7: »Welche Zahlen werden bei der nächsten Lottoziehung gezogen?«
Witzbold. Wenn ich das wüsste, würde ich wohl kaum auf einer Astro-Line arbeiten!

Platz 6: »Was denkt er gerade?«
»Hoffentlich wird der FC Bayern dieses Jahr nicht schon wieder Meister.« Und das war garantiert nicht die Antwort, die die Dame gerne hören wollte.

Platz 5: »Meldet er sich heute noch bei mir?«
Sei froh, dass er nicht weiß, was für komische Fragen du Kartenlegern stellst, und schätze dich glücklich, wenn er sich überhaupt noch bei dir meldet.

Platz 4: »Wie oft pro Woche hat mein Herzensmann Sex mit seiner Frau?«
Das willst du gar nicht wissen!

Platz 3: »Wer hat mich vorhin mit unterdrückter Rufnummer angerufen?«
Ein Marktforschungsinstitut, das eine Umfrage zum Thema »Wofür geben Sie Ihr Geld aus?« durchführt.

Platz 2: »Komme ich mit David Garrett (wahlweise auch Robert Pattinson oder Brad Pitt) zusammen?«
Zum Glück niemals.

Platz 1, der altbekannte, nie langweilig werdende Klassiker: »Wann komme ich mit meinem Herzensmann zusammen?«
Wer sagt, dass du überhaupt mit ihm zusammenkommst???

22. KAPITEL

Plötzlich Hellseher

Einige Kunden riefen mich nicht nur ein Mal an, sondern führten mit mir ihr erstes Beratungsgespräch und blieben. Manche durfte ich über eine sehr lange Zeit begleiten und dabei zusehen, beziehungsweise zuhören, wie sich ihr Leben entwickelte.

Zu meinen treusten Kundinnen gehörte Katha.

Katha betrieb zusammen mit ihrem Lebensgefährten vier gutgehende »Sauna-Clubs« (alias Bordelle) in Ostdeutschland. Um ihre Kundschaft bei Laune zu halten, galt es für diese Etablissements, immer neue Mädchen aus Osteuropa herbeizuschaffen, sogenanntes »Frischfleisch«. Am Anfang wunderte ich mich darüber, denn ich war davon ausgegangen, dass es sich mehr rechnete, wenn man verlässliches Stammpersonal hatte und nicht ständig die Belegschaft auswechselte. Katha klärte mich darüber auf, dass die Männer schnell das Interesse an den Mädchen verlieren, und wenn sie nicht laufend neue Frauen anbietet, die männliche Kundschaft zur Konkurrenz abwandern würde. Anfänglich befragte mich Katha ausschließlich zu neuen Mitarbeiterinnen – ob sie bei den Kunden ankommen würden, ob sich durch sie der Umsatz steigern ließe. Mit der Zeit änderten sich ihre Fragen. Katha begann mich zu esoterischen Themen, wie zum Beispiel dem Kartenlegen, zu befragen. Sie spielte mit dem Gedanken, an einem

Kartenlegekurs teilzunehmen, und hatte sich bereits mit diversen Büchern über Wahrsagen mit Karten, Engelbotschaften und Jenseitskontakten eingedeckt.

Einen Monat später erhielt ich von Katha eine E-Mail, in der sie schrieb, sich nun endlich für einen Kartenlegekurs angemeldet zu haben und mir versprach, mich danach zu kontaktieren. Ich war gespannt darauf, was sie mir erzählen würde.

Eines schönen Tages klingelte dann mein Telefon, und Kathas Kundenfenster erschien auf meinem PC.

Katha: »Hallo Kollegin!«

Katha schäumte regelrecht über vor Energie.

Ich: »Hallo Katha! Aha, Kollegin? Dann schieß mal los.«
Katha: »Ich hatte dir doch erzählt, dass ich diesen Kurs belegen wollte. Tja, ich war da. Und es war soooo toll! Es hat irre viel Spaß gemacht, und danach wusste ich genau, dass das absolut mein Ding ist. Was soll ich sagen? Ich habe mich sofort auf der Line als Kartenlegerin angemeldet.«

Euphorisch erzählte sie mir alles über ihre ersten Beratungsgespräche und dass sie sogar schon zwei gute Bewertungen bekommen hatte.

Ich: »Da kann ich dich wirklich nur beglückwünschen und dir ganz viel Erfolg bei deiner Arbeit wünschen. Von zu Hause aus zu arbeiten ist auf jeden Fall sehr angenehm.«

Katha: »Die meiste Zeit arbeite ich vom Büro aus. Einer muss schließlich den Schriftkram machen.«

Äußerst interessant, was ich da zu hören bekam. Esoterische Beratungen aus dem Puff. Eine höchst skurrile Kombination, wenn Sie mich fragen. Was wohl Kathas Kunden dazu sagen würden, wenn sie wüssten, dass es während ihrer Beratung nebenan heftig zur Sache ging? Blieb nur zu hoffen, dass die Räumlichkeiten des Etablissements schalldicht waren. Ich gebe zu, dass ich mir bei der Vorstellung ein Grinsen nicht verkneifen konnte.

Das Grinsen verging mir allerdings ungefähr fünf Monate später, als ich nachts nicht einschlafen konnte und den Fernseher einschaltete. Ich zappte durch die Programme und blieb bei Universum TV hängen. Eine blondgelockte Beraterin mischte gerade ihre Skatkarten und animierte die Zuschauer, sich für eine Liebesberatung einzuwählen. Was offenbarte sich mir da? Ich rieb mir verwirrt die Augen und ging näher an den Bildschirm. Tatsächlich. Mir klappte die Kinnlade herunter. Am unteren Bildschirmrand war der Name der TV-Beraterin eingeblendet: Katharina Wagenstaller. Von der Puffmutter zur TV-Kartenlegerin, was für eine Karriere!

Eine andere Kundin legte eine ebenso erstaunliche Esoterik-Karriere hin. Sie hieß Julia und arbeitete in einer Drogerie. Seitdem sie im Chat einer Partnerbörse einen Mann kennengelernt und sich wenig später Hals über Kopf in ihn verliebt hatte, rief sie regelmäßig bei Hellsehern an, um sich immer wieder bestätigen zu lassen, dass sie mit ihm in eine Partnerschaft gehen würde. Durch ihr ungezügeltes Anrufverhalten war Julia tief in die roten

Zahlen gerutscht. Zu allem Überfluss verlor sie kurz darauf noch ihre Arbeitsstelle.

Statt den Kopf in den Sand zu stecken und in Depressionen zu verfallen wurde Julia kreativ. Sie war wild entschlossen, sich ihr vertelefoniertes Geld zurückzuholen.

Julia bewarb sich als Lebensberaterin bei einem Portal. Sie entwickelte eine ausgefuchste Strategie, mit der sie innerhalb kürzester Zeit zu einer gefragten »Top-Beraterin« avancierte, ihre monatlichen Kosten decken und gleichzeitig auch ihre Schulden abzahlen konnte.

Julias Geschäftsidee war so simpel, wie effektiv. Zum einen prognostizierte sie den Leuten jedes Mal die Dinge, die sie hören wollten, und goss ihre Aussagen danach mit den Worten »Ich weiß einfach, dass es so kommen wird« in Zement. Diese Äußerung verschaffte den Anrufern einen besonderen Kick und weckte in ihnen das Verlangen, sich bald eine erneute Bestätigung der Zukunftsprognose abzuholen. Das wirklich Raffinierte an der Sache war jedoch die Geschichte, in die mich Julia eines Tages am Telefon einweihte:

Julia: »Hätte ich gewusst, wie viel Geld ich als Beraterin verdienen kann, dann hätte ich den Job in der Drogerie schon viel früher an den Nagel gehängt.«

Ich: »Das kann man aber gar nicht so pauschal sagen. Es gibt genug Kollegen, die fast keine Anrufe bekommen.«

Julia: »Über wenige Anrufe kann ich mich nicht beklagen. Im Gegenteil!«

Ich: »Dann hast du ein gutes Händchen für die Ratsuchenden, und sie haben das Bedürfnis, immer wieder mit dir zu sprechen.«

Julia: »Das liegt wahrscheinlich daran, dass ich die Menschen am Telefon jedes Mal aufbaue und sie danach neue Kraft haben. Ich sage nie schlimme Dinge, sondern bestärke sie darin, ihren Weg zu gehen.«

Ich: »Und wenn die Karten mal nichts Positives anzeigen?«

Julia: »Dann behalte ich das für mich. Schließlich möchte ich meine Kunden nicht vergraulen, und mein Ziel ist es, sie langfristig beraten zu können. Ihnen soll es nach einem Gespräch besser gehen und nicht schlechter.«

Julia hatte sich eindeutig die neuen Portalstandards zu Herzen genommen.

Ich: »Schön und gut. Manchmal muss man aber auch unschöne Dinge sagen, das Leben besteht ja nicht nur aus eitel Sonnenschein.«

Julia: »Mhm …«

Julia druckste herum.

Julia: »Wenn ich dir ein Geheimnis erzähle, versprichst du mir dann, es für dich zu behalten?«

Jetzt wurde es spannend!

Ich: »Na klar.«

Julia: »Ich war mir am Anfang nicht sicher, ob ich es schaffen würde, mit dem Kartenlegen genügend Geld zu verdienen, und da habe ich den Leuten nicht ganz die Wahrheit gesagt.«

Ich: »Das hast du doch schon gesagt. Nur positive Prognosen und so …«

Julia: »Nein, das meine ich nicht. Ich dachte mir, wenn ich es schaffe, eine persönliche Ebene zu den Anrufern aufzubauen und sie mich eher wie eine Freundin ansehen und mehr als nur eine Beraterin, dann könnte es klappen.«

Ich: »Was klappen?«

Julia: »So viele Anrufe zu bekommen, dass ich damit Geld verdienen kann.«

Sie redete offensichtlich um den heißen Brei herum.

Ich: »Und von welchem Geheimnis hast du vorhin gesprochen?«

Julia seufzte.

Julia: »Du wirst bestimmt total schlecht von mir denken, wenn ich es dir sage. Na gut, ich habe den Kunden erzählt, dass ich schwer krank bin und nicht mehr lange zu leben habe. Konkretes habe ich nicht erwähnt, denn das hat schon völlig ausgereicht. Viele Ratsuchende kontaktieren mich mittlerweile nicht mehr, um mit mir über ihre Zukunft zu reden, sondern um zu hören, wie es mir geht.«

Ich war platt. Mit einer derart üblen Masche hatte ich nicht gerechnet. Man stelle sich vor, ein Kunde ruft nichts ahnend Julia an, um über Liebeskummer, einen unerfüllten Berufswunsch oder Streit mit dem Partner zu sprechen, und erfährt plötzlich von der unheilbaren Krankheit der Dame, die ihn da berät. Was passiert? Der Ratsuchende bekommt ein schlechtes Gewissen, die Beraterin mit seinen Lappalien zuzumüllen, während sie um ihr Leben kämpft. Schon setzte das Helfersyndrom bei den Kunden ein, und Julia konnte sich weiterer Anrufe sicher sein.

Ich: »Ich bin gerade etwas sprachlos.«

Julia: »Das hat sich ziemlich schnell verselbstständigt. Ich glaube, die meisten Stammkunden trauen sich gar nicht mehr, mich nach ihrer Zukunft zu fragen. Jedenfalls stellen sie mir keine Fragen mehr. Die Rollen haben sich sozusagen vertauscht. Jetzt beraten meine Kunden mich, wie ich mit meiner Lebenssituation am besten umgehen kann. Sie sprechen mir Mut zu und fühlen sich schuldig, wenn sie mich nicht jede Woche anrufen, um sich zu erkundigen, wie es mir geht.«

Ich: »Das ist so was von krass. Diese Lüge garantiert dir eine hohe Anruferzahl und sichert dir deinen Lebensunterhalt.«

Julia: »Ich wüsste auch nicht, wie ich aus der Sache jetzt noch rauskommen soll.«

Ich: »Och, du könntest den Leuten von einer wundersamen Heilung erzählen. Ich bin mir sicher, dass 99 Prozent der Kunden dir so eine Geschichte ohne mit der Wimper zu zucken abkaufen würden. Für Wunder sind Ratsuchende doch sehr empfänglich.«

Julia: »Aber dann bekomme ich nicht mehr so viele Anrufe.«

Ich: »Das könnte passieren.«

Julia: »Ach, ich bleibe doch besser bei der Geschichte.«

Julia arbeitet übrigens heute noch als Lebensberaterin, und wahrscheinlich ist sie ihrer Krankheitsgeschichte genauso treu geblieben wie die Anrufer ihr. Sicher hat sich bislang kein Ratsuchender darüber gewundert, wieso Julia trotz unheilbarer Krankheit immer noch putzmunter auf der Line arbeitet. Wahrscheinlich gilt sie als kosmisches Wunder – was ihre Beliebtheit nur noch weiter steigern dürfte.

23. KAPITEL

Der Selbsttest

Was kann eigentlich ein Kartenleger sehen?

Würde ich sofort als »Kollegin« entlarvt werden, wenn ich bei einer Astro-Line anriefe, oder würde ich unerkannt bleiben?

Diese Fragen geisterten seit geraumer Zeit in meinem Kopf umher. Für meine Kunden schaute ich gerne auf zukünftige Ereignisse. Doch für mich selbst? Ehrlich gesagt hatte ich noch nie den Drang verspürt, die Dienstleistungen von Kollegen in Anspruch zu nehmen. Ich wollte nie wirklich wissen, was in der Zukunft auf mich zukam. Das würde schon von ganz allein passieren.

Bis ein kalter, verschneiter Sonntag im Januar daherkam, an dem man nicht einmal einen Hund auf die Straße geschickt hätte. Ich beantwortete einige E-Mails, und kurz bevor ich mein virtuelles Postfach schloss, ertönte die mir bekannte Frauenstimme: »Sie haben Post!«

Das Esoterik-Portal, für das ich arbeitete, hatte mir eine Nachricht geschickt.

»Wir schenken Ihnen einen Zukunftsblick«, las ich im Betreff. Ich öffnete die E-Mail.

Liebe/r Berater/in,

*wir möchten uns bei Ihnen auf diesem Wege
für die loyale und gute Zusammenarbeit bedanken. Als kleines Dankeschön schenken wir
Ihnen 20 Gratisminuten, um Sie selber einmal
in den Genuss der Lebensberatung auf unserem
Portal kommen zu lassen.*

Ihr Astro-Team

Ich markierte die E-Mail und hätte sie beinahe in den
virtuellen Papierkorb befördert. In letzter Sekunde entschied ich mich dagegen. Wenn nicht jetzt, wann dann?
Einen Moment zögerte ich noch, bevor ich mir einen
Ruck gab, mich als Kunde registrierte und die angegebene Servicenummer wählte. Ich war sogar ein bisschen
aufgeregt, als es tutete und sich schließlich eine Frauenstimme meldete.

Beraterin: »Guten Tag, da ist die Chantal.«

Ich hatte keine Ahnung, was ich die Dame eigentlich
fragen sollte, denn ich wollte immer noch nicht wissen,
was sich in meinem Leben zukünftig ereignen würde.
Was würde wohl passieren, wenn ich mich nicht für die
ausgab, die ich in Wirklichkeit war?

Ich: »Hallo, hier ist die Ornella.«

Der Name Ornella fiel mir spontan ein. Automatisch ver-
stellte ich meine Stimme und sprach nun viel höher als
sonst (diesen Trick hatte ich von meinen Kunden gelernt),

damit die Beraterin mich nicht erkannte, falls sie mich zuvor schon selbst angerufen haben sollte.

Beraterin: »Hallo Ornella, ich begrüße dich zu meiner Lebensberatung und bin gespannt, was du für Fragen hast.«

Was konnte Ornella bloß fragen? Ich überlegte kurz. Erst mal Zeit gewinnen.

Ich: »Ich rufe das erste Mal bei einer Kartenlegerin an.«

Das war noch nicht einmal gelogen.

Ich: »Kann ich einfach Fragen stellen?«
Beraterin: »Natürlich. Du stellst mir Fragen, und ich lese die Antworten für dich aus den Karten ab.«
Ich: »Gut. Dann würde ich gerne wissen, wie … wie sich meine berufliche Situation entwickeln wird.«

Ich hörte, wie Chantal die Karten mischte, dann auslegte.

Beraterin: »Oh! Du bist eine sehr kreative Person. Wie eine Künstlerin.«

War ich das?

Ich: »Ja?«
Beraterin: »Kann es sein, dass du Bilder malst?«

Aha, sie hatte keine Ahnung, dass sie mit einer Kartenlegerin sprach. Ich beschloss, das Spiel mitzuspielen.

Ich: »Genau, ich bin Malerin.«

Beraterin: »Und du bist sehr erfolgreich und wirst sogar noch viel erfolgreicher werden. Du stellst deine Bilder auch aus?«

Ich: »Genau.«

Beraterin: »Ich sehe da was ganz Großes auf dich zukommen. Du wirst nach Amerika gehen und dort in einer bekannten Galerie in New York deine Bilder ausstellen.«

Ich: »Das ist ja ein Ding …«

Beraterin: »Es wird sogar noch besser. Ich sehe, dass du durch deine Bilder berühmt werden wirst und sehr viel Geld dabei herausspringt.«

Schade, dass ich noch nicht einmal das Haus vom Nikolaus zeichnen konnte, ohne mir dabei die Finger zu brechen. Egal, ich würde demnächst in New York ausstellen!

Ich: »Das sind ja wirklich super Aussichten für mich. Kannst du denn auch etwas zum Thema Liebe erkennen?«

Was Chantal dazu wohl sah?

Beraterin: »Mhm … Da ist jemand bei dir?«

Ich: »Jaaaa …«

Beraterin: »Aber ihr seid nicht zusammen?«

Ich: »Nein.«

Beraterin: »Er muss noch eine Entscheidung treffen?«

Messerscharf kombiniert, Chantal!

Ich: »Genau so ist es.«

Beraterin: »Und du wartest schon länger darauf, dass er sich entscheidet?«

Wer stellte hier eigentlich die Fragen?

Ich: »Mhm …«

Beraterin: »Ja, das sehe ich ganz klar in den Karten. Aber es gibt Hoffnung – er wird sich für dich entscheiden.«

Was würde Chantal wohl sagen, wenn ich die Katze aus dem Sack ließe? Ihr verklickerte, dass ich weder Malerin war, noch auf die Entscheidung eines Mannes wartete? In Wirklichkeit war ich seit acht Jahren glücklich liiert, und mein Freund musste sich allerhöchstens morgens zwischen Marmelade und Nutella entscheiden. Die 20 Gratisminuten waren ohnehin beinahe vorbei. Ich beließ es dabei, bedankte mich für die freundliche Beratung und legte auf.

Was hatte ich eigentlich erwartet? Naja, dass Chantal zumindest ein paar Dinge über mich in ihren Karten sehen konnte. Doch sie hatte nicht den blassesten Schimmer, wen sie da in der Leitung hatte. Ich hatte Chantal ungewollt des »Nicht-Sehens« überführt, der bewussten Täuschung und Märchenerzählerei. Das enttäuschte mich ziemlich. Kein Wunder, dass diesem Metier so viel Skepsis entgegenschlug! Wie viele von uns Beratern wohl so waren wie Chantal? Mich beschlich langsam die Ahnung, dass die wirklich guten Zukunftsdeuter gar nicht auf einer Line zu finden waren.

24. KAPITEL

Nachtfalken

»Wenn es Nacht wird im Sektor, greifen sie zum Hörer: Freaks und Normalos, Verknallte und Durchgeknallte, Einsame und Verzweifelte.«

Dies könnte ein typischer Satz von mir sein, den ich über meine Tätigkeit als Kartenlegerin zum Besten gebe. In Wirklichkeit ist es aber der offizielle Teaser auf der Homepage des Kölner Radiosenders 1LIVE für die Sendung *Domian – Der Kult-Talk*. Seit 1995 schlägt sich der Moderator Jürgen Domian dort nämlich immer montags bis freitags die Nächte um die Ohren, um sich mit diversen Zuhörern zu unterhalten. Die Sendung kann gleichzeitig im Radio und im WDR-Fernsehen verfolgt werden. Ich selbst bin seit 1995 treue Hörerin der Sendung, wenngleich ich wegen der späten Sendezeit von 1 Uhr bis 2 Uhr morgens nicht jede Sendung verfolgen kann. Jürgen Domian war mir durch sein vorbildliches Verhalten während der Sendungen für meine Beratungen auf der Hotline stets ein Vorbild. Auch bei ihm rufen Menschen an, die sich ein Ohr für ihre Probleme und Sorgen wünschen und sich einen Rat erhoffen. Unsere Ausgangssituationen sind quasi identisch, nur dass die Telefongespräche bei *Domian* kostenfrei sind, keine Zukunftsprognosen erstellt und die Gespräche live übertragen werden. Bis auf wenige Sendungen, für die ein bestimmtes Gesprächsthema vorgegeben ist, können die Zuhörer über ein frei gewähltes Thema sprechen. Egal wer anruft und um was es geht, bei *Domian* kommt alles auf den Tisch.

Wenn ich Urlaub von meiner hauptberuflichen Tätigkeit hatte, war ich ausnahmsweise bis nach Mitternacht für meine Karten-Kunden erreichbar, und meistens loggte ich mich pünktlich zum Sendungsbeginn von *Domian* aus, um den Gesprächen zu lauschen und mich von der Kartenlegerei zu erholen. So war es auch im Frühjahr 2010. Ich schaltete mich offline, als der musikalische Vorspann der Radiosendung begann. Gespannt wartete ich auf die nächtlichen Anrufer und ihre Themen, die sie mit Jürgen Domian besprechen wollten.

An diesem Abend war Jasmina in der Leitung. Jasmina hatte es geschafft, 80.000 Euro Schulden wegen ihren Anrufen bei Astro-Hotlines anzuhäufen. Solche Kundinnen kannte ich zur Genüge, die hatten hinterher eine bunte Plastikkarten-Kollektion zu Hause und fanden irgendwann keinen Kreditkartenanbieter mehr, den sie nicht schon durchhatten. Und dann wurden sie erfinderisch, genau wie Jasmina. Dann melden sie sich mit falschem Namen und mit falschen Kontoverbindungen an, um trotzdem weiter telefonieren zu können, obwohl die monatlichen Sperrungen vonseiten der Portale längst vollzogen worden sind. Dass sie sich durch diesen Betrug straffällig machen, stört sie nicht. Bei diesen armen Teufeln hat sich die Eso-Beratung zu einer solchen Sucht entwickelt, dass sie nicht mehr in der Lage sind, auch nur eine einzige Entscheidung ohne Karten treffen zu können. Zwei bis drei Stunden am Vormittag, zwei bis drei Stunden am

Nachmittag – das Leben dieser Menschen findet praktisch nur noch am Telefon statt.

Im Fall von Jasmina war es so, dass sie tatsächlich drauf und dran war, in den Knast zu kommen. Das wäre dann kalter Entzug. Und wohl die einzige wirksame Methode. Dieses Elend konnte selbst mein Kummer gewohntes Ohr nicht ohne Wein ertragen. Ich leerte mehrere Gläser, bis die Radiosendung vorüber war. Domian redete Jasmina recht energisch zu, dass sie auf der Stelle die Reißleine ziehen muss und aufhören, sich weiterhin selbst zu belügen. Am Ende wartete Psychologe Peter auf Jasmina, und ich wünschte, er hätte die Kompetenz, sie einzuweisen.

Nach dem Gespräch trank ich noch zwei Gläser Wein. Ich war für diese Nacht bedient, und Jürgen Domian machte ebenfalls einen leicht angeschlagenen Eindruck. Immer öfter fragte ich mich, wie jemand derart unverantwortlich mit seinem Anrufverhalten auf Astro-Lines umgehen kann. Welchen Anteil die Firmenstrukturen und Marketingmechanismen der Portale und die Berater selbst daran hatten, und vor allem wie man jemandem überhaupt die Möglichkeit dazu geben konnte, 80.000 Euro zu vertelefonieren. Davon kauften sich andere Leute eine Eigentumswohnung!

Dieses Gespräch beschäftigte mich auch noch am nächsten Tag. Selbst in der darauffolgenden Nacht, als ich meine Schicht kurz vor Beginn der *Domian*-Sendung beendete, dachte ich an Jasmina. Irgendetwas verursachte ein aufgeregtes Kribbeln in meinem Bauch. Es war wie eine Vorahnung, dass gleich etwas ganz Besonders »live on air« geschehen würde. Ob Jasmina wieder anrufen würde? Bewaffnet mit einem Käsebrot und einer Flasche Mineralwasser setzte ich mich auf die Couch, schaltete das dritte Programm ein und wartete gespannt auf die »After Midnight Callers«, und vor allem darauf, ob es mit meinem Gefühl etwas auf sich hatte oder nicht.

In der Leitung war Birgit, die äußerst deutlich und selbstsicher sprach und sich auch sogleich als ehemalige Kartenlegerin outete. Birgit hatte sich zu Wort gemeldet, weil sie Jasmina auch schon beraten hatte und weil sie von »der anderen Seite« erzählen wollte. Und was sie da erzählte, ließ bei vielen Leuten sicher ein paar Bömbchen hochgehen.

Dass sie durch ihre Arbeit auf der Line aggressiv wurde, nicht schlafen konnte und Hautausschlag bekam. Weil sie oft mit sehr intimen, übergriffigen oder sonst wie bedenklichen Fragen konfrontiert war. Dass die Leute nur an einem interessiert waren – Selbstbestätigung – und alles andere nicht hören wollten. Dass sie sich deshalb mehrere Pseudonyme zulegte, um den Leuten das nächste Mal wieder etwas Positives mitzuteilen, nachdem diese durch die Wahrheit vergrault worden waren und eine böse Bewertung abgegeben hatten. Dass diese Art von Feedback von den Astro-Portalen erwartet und sogar regelmäßig durch Abhören überprüft wurde – besonders wenn die Anruferzahlen niedrig waren. Und vieles mehr. Aber vor allem: dass die ganze Kartenlegerei nicht nur die reine Abzocke, sondern absoluter Humbug war.

Uff, dass eine Kollegin sich zu Wort meldete, damit hatte ich gar nicht gerechnet. Es stimmte mich nachdenklich. Einerseits fand ich es gut von Birgit, dass sie den Leuten da draußen mal die Situation aus der Sicht einer

Kartenlegerin schilderte. Andererseits fühlte sie sich ein wenig zu wohl in ihrer Opferrolle, und leider stimmte nicht alles so, wie sie es erzählte. Die Hotline-Betreiber hören beispielsweise keine Gespräche ab, sie haben Mitarbeiter, die sich als Kunden ausgeben, um stichprobenartig die Arbeit der Berater zu kontrollieren.

Wirklich schlimm fand ich, dass sie die Kartendeuterei generell als reines Hirngespinst abgetan hatte, nur weil sie selbst nie gelernt hatte, wie man Karten nach überlieferten Systemen legt und liest. Natürlich war es wichtig für die Zuhörer zu erfahren, dass nicht jeder Kartenleger auf einer Line automatisch sein Handwerk beherrschte, geschweige denn geschult war. Doch wäre es genauso wichtig gewesen, wenn sie hinzugefügt hätte, dass sich nicht jeder die Zukunftsprognosen einfach aus den Fingern saugte.

Trotzdem: Zu Domians abschließender Hoffnung, eines Tages mal einen Hotline-Betreiber an der Strippe zu haben, bleibt nur zu sagen, dass diese Menschen darauf bedacht sind, Umsätze zu generieren und sonst gar nichts. In diesem Punkt stimmte ich Birgit uneingeschränkt zu. Solch ein Gespräch würde wohl auf ewig ein frommer Wunsch von Domian bleiben.

Ich hingegen fühlte mich inzwischen unbehaglich in meiner Haut und fragte mich, ob und wenn ja, wie lange ich diese Tätigkeit noch zu den Konditionen der Portale vor mir und meinen Kunden verantworten konnte.

25. KAPITEL

Engel auf Erden

Es ist schon komisch, wie sich Menschen verändern und wohin sie sich entwickeln. Plötzlich trifft man auf Freunde, die einem einmal sehr nahe gestanden haben, und es ist nichts mehr von dieser Nähe übrig. Fast fühlt man sich einander fremd. Man spürt, dass es von da an nicht mehr weitergeht. Ende Gelände. Game over, liebe Freundschaft.

So ein Erlebnis hatte ich, als mich Anke nach langer Zeit wieder zu sich einlud. Erinnern Sie sich noch an Anke? Das war diejenige, die mich ursprünglich zum Kartenlegen gebracht hatte.

Ich weiß nicht mehr genau, ob es einen bestimmten Anlass für ihre Einladung gab. Woran ich mich allerdings noch ganz genau erinnere, ist mein Erstaunen über Ankes neues Aussehen und ihre rundum veränderte Wohnungseinrichtung. Meine Freundin war immer eher ein natürlicher, praktischer Typ gewesen. Mit Make-up und extravaganter Kleidung war sie nicht zu locken. Entsprechend überrascht nahm ich Ankes Metamorphose zur Kenntnis, als sie mir die Tür öffnete: Ihr ursprünglich aschblondes Haar war rabenschwarz gefärbt, ihre Augen waren mit einem dunklen Kajalstift dick umrandet, die Lippen blutrot geschminkt. Um den Hals trug sie eine dicke Goldkette mit einem klobigen Amulett, sich selbst hatte sie in schneeweiße Gewänder gehüllt.

Anke: »Namaste.«

Anke führte ihre Innenhandflächen in Höhe der Brust zusammen und beugte leicht den Kopf nach vorne.
   Ich starrte sie verwundert und befremdet an.

Ich: »Ich hätte dich fast nicht erkannt.«
Anke: »Na, wie findest du mich?«

Anke drehte sich stolz einmal um die eigene Achse.
   Gewöhnungsbedürftig, dachte ich.

Ich: »Ja … also, sieht toll aus.«
Anke: »Du bist übrigens pünktlich. Wir wollten gerade
   mit dem Angel-Reading beginnen.«
Ich: »Ich wusste gar nicht, dass du noch jemanden einge-
   laden hast!«
Anke: »Conny, Annabelle, Maria-Magdalena und Rosa
   sind auch da. Sie warten im Wohnzimmer.«
Ich: »Ah. Und was wolltet ihr gerade machen?«
Anke: »Ein Angel-Reading.«

Anke führte mich ins Wohnzimmer, wo sich mir ein Bild bot, das stark an die legendäre Kommune von Rainer Langhans erinnerte. Drei Mädels in wallenden Gewändern thronten im Lotussitz auf bunten Sitzkissen. Der Raum war komplett renoviert und neu eingerichtet. Weg waren die Ahornschränke und die gemütliche Polsterecke. Stattdessen schmückten Engelstatuen, Engelbilder und weitere Sitzkissen das spärlich eingerichtete Zimmer, das nun eher eine Kapelle als ein Wohnraum war.

Anke: »Das ist Bianca, sie ist eine Kartenlegerin. Und das sind Annabelle, Rosa und Maria-Magdalena, drei liebe Kundinnen von mir. Wir werden heute unsere spirituellen Namen von den Engeln erhalten.«

Ich begrüßte Conny, die sich offensichtlich ebenso einer Typveränderung unterzogen hatte, bloß dass sie nicht schwarz, sondern weißblond geworden war. Es stellte sich heraus, dass Conny und Anke von heute auf morgen ihre sicheren Beamtenjobs bei der Stadt gekündigt und sich ganz und gar der »Lichtarbeit« verschrieben hatten. Sie waren nun hauptberuflich als spirituelle Lebensberaterinnen tätig und boten ihren Kunden gemeinschaftlich Selbstfindungs-Seminare an.

Dabei hatten die zwei eigentlich stets genug mit sich selbst zu tun und schienen sich noch immer nicht gefunden zu haben. Beide waren kurz nacheinander von ihren langjährigen Partnern verlassen worden, da die Männer nichts mehr mit ihren »Lichtarbeiterinnen« anzufangen wussten und ihnen, laut Connys Exfreund Peter, »der Esoterik-Trip ziemlich auf die Nerven ging«. Peter hatte sich bei mir darüber beklagt, dass Conny am Ende gar keine Zeit mehr für ihn hatte. Entweder telefonierte sie mit Kunden oder investierte ihr Geld in spirituelle Sitzungen bei Engelmedien beziehungsweise war am Wochenende mit Anke auf fragwürdigen Engelkongressen unterwegs.

Ich nahm auf einem blauen Kissen Platz und wartete gespannt auf die Dinge, die da kommen sollten.

Anke: »Nehmt nun die Hand eures Nachbarn, um den Lichtkreis herzustellen, und spürt die positive Schwingung, die langsam eure inneren Blockaden auflöst. Schließt für die Meditation eure Augen. Erdet euch und stellt eine Verbindung zur Quelle allen Seins her.«

Es war mucksmäuschenstill in dem Raum. Nur regelmäßige Atemgeräusche waren zu hören. Die Ruhe machte mich schläfrig. Ich blinzelte. Keine der vier Frauen hatte die Augen geöffnet, und sie verharrten absolut regungslos in ihrer Pose.

Anke: »Wir verbinden uns mit den Engeln, um von ihnen geführt und geleitet zu werden.«

Schnell schloss ich meine Augen wieder. Wie bizarr konnte das Ganze noch werden?

Anke: »Meine lieben Kinder, mein Name ist Erzengel Raphael, ich spreche zu euch, um euch hilfreich zur Seite zu stehen und euch in den Einklang mit der universellen Schöpfung zu bringen.«

Ich riss die Augen auf. Es war wirklich Anke, die sprach, nur klang ihre Stimme nun wie die eines Kindes und nicht wie die einer erwachsenen Frau. Sie saß kerzengerade im Schneidersitz, und ihre Gesichtszüge wirkten weicher als zuvor. Eine Gänsehaut kroch über meinen Körper. Diese gruselige Vorstellung befremdete mich. Ich fühlte mich wie auf einer spiritistischen Sitzung einer Sekte. Alles wirkte unrealistisch und völlig abgedreht.

Anke: »Hört, welche spirituellen Namen die euren sind. Anke ist dein weltlicher Name, doch wirst du in der geistigen Welt Saphira genannt. Conny ist in der Welt des Lichts als Chaya bekannt. Möchten auch die vier anderen Kinder ihre spirituellen Namen erfahren?«

Natürlich waren Ankes Kundinnen scharf darauf, durch den »Engel« ihre spirituellen Namen verkündet zu bekommen. Auch ich nickte solidarisch ab und ließ mir den Namen Shiva verlautbaren.

Ich beschloss bald darauf, mich mit einer Ausrede zu verabschieden. An jenem Nachmittag hatte ich vergeblich gehofft, Anke und Conny zu treffen. Stattdessen war ich Saphira und Chaya begegnet, und die beiden kannte ich nicht.

EPILOG

Ende gut, alles gut

Ich hätte noch unzählige weitere Geschichten auf Lager, die ich Ihnen erzählen könnte. Geschichten über depressive Wellensittiche, über Ulf, die Reinkarnation von Elvis himself, und über lesbische Pornodarstellerinnen. Von Günter und Doris, die ich zufällig händchenhaltend beim Eis essen erwischt habe, oder von dubiosen Pendelschwingern, die man unter gar keinen Umständen auf Ratsuchende hätte loslassen dürfen.

Nun, alles muss einmal ein Ende haben. Und wie Ihnen sicher nicht entgangen ist, sind auch meine aktiven Kartenlegezeiten längst vorbei. Auch die Gründe für meinen Abschied von der spirituellen Lebensberatung habe ich bereits angedeutet.

Zum einen hatte ich mir schon längere Zeit darüber Gedanken gemacht, ob ich den Erwartungen der Kunden überhaupt noch gerecht werden und solche Gespräche verantworten konnte.

Der Trend ging immer weiter dahin, die berühmte »Pille gegen alles« von den Beratern zu verlangen. Einen Bibi-Blocksberg-Hexenspruch, der unmittelbar nach dem Anruf wirkte und das gesamte Leben des Anrufers in ein pinkes Schloss voll Zuckerwatte verzauberte.

Da das Leben aber nicht die ganze Zeit auf Schongang läuft, sondern uns gerne ab und an gut durchschleudert, konnte ich es trotz redlichen Bemühens meinerseits nicht in einen blumigen Spaziergang verwandeln.

Zum anderen war mir aufgefallen, wie wenig Zeit ich mit meinen Liebsten verbrachte, seitdem ich auf der Astro-Line die Karten legte und von mir erwartet wurde, mindestens vier bis sechs Stunden neben meiner regulären Arbeit erreichbar zu sein.

All das reichte dennoch lange Zeit nicht aus, um meinen Zweitjob an den Nagel zu hängen. Schließlich fühlte ich mich meiner langjährigen Stammkundschaft verpflichtet und hätte es mit meinem Gewissen nicht vereinbaren können, sie im Stich zu lassen.

Doch wie so oft greift irgendwann das Schicksal ein, um uns den überfälligen Tritt in den Allerwertesten zu geben. Und so geschah es auch bei mir.

Ich stand gerade auf der Leiter und putzte meine Fenster, als das Telefon klingelte. Auf dem Display blinkte eine unbekannte Nummer.

Ich: »Bianca Wagner?«
Anrufer: »Hallo Frau Wagner, Schmidt von Universum TV.«

Herrje, muss das jetzt wirklich sein?

Ich: »Hallo Herr Schmidt.«
Anrufer: »Ich habe sehr gute Neuigkeiten für Sie! Ihre Probeaufnahmen sind bombastisch geworden. Sie haben das Casting bestanden!«

Herr Schmidt erwartete wahrscheinlich nun von mir, dass ich in Jubelgeschrei ausbreche und vor Freude an die Decke springe.

Ich: »Ach!«

Ein intelligenterer Kommentar fiel mir spontan nicht ein. Herr Schmidt schien meine Emotionslosigkeit gar nicht zu registrieren.

Anrufer: »Herzlichen Glückwunsch, Frau Wagner, und willkommen in unserem Team. Es geht jetzt auch gleich ganz schnell los. Wir haben Sie in der nächsten Woche von Montag bis Freitag zur besten Sendezeit von 20 bis 22 Uhr an der Seite von unserem Star-Berater Andy eingeplant.«

Ich und Lord VoldeKarma mit seiner Karma-Kugel. I break together …

Ich: »Also …«
Anrufer: »Da sind Sie sprachlos, was? Habe ich alles extra für Sie, liebe Frau Wagner, möglich gemacht.«

Herr Schmidt war absolut begeistert von sich und seinem Einfall. Wie brachte ich ihm möglichst schonend bei, dass ich auf keinen Fall ins Fernsehen wollte, ohne dass er auf der Stelle einen Herzinfarkt bekam?

Ich: »Tja, ehrlich gesagt habe ich überhaupt nicht damit gerechnet, genommen zu werden.«

Anrufer: »Deswegen hat es wahrscheinlich auch so super geklappt.«

Ich: »Ich kann Ihnen die Termine für die nächste Woche nicht zusagen, Herr Schmidt. Ich habe noch einen Hauptjob bei dem ich nicht so einfach fehlen kann.«

Anrufer: »Verstehe, verstehe! Kein Problem, Frau Wagner. Wir finden bestimmt einen Ausweichtermin. Und davon mal abgesehen, bald werden Sie den anderen Job eh nicht mehr brauchen. So viel wie Sie dann bei uns verdienen, kann Ihnen garantiert kein anderer Arbeitgeber zahlen.«

Es half alles nichts. Ich musste Herrn Schmidt auf den Boden der Tatsachen herunterholen. Wahrscheinlich würde ich auf der Beliebtheitsskala schlagartig von plus 10 auf minus 130 fallen, aber das war jetzt egal. Also Augen zu und durch.

Ich: »Ich möchte meinen Job aber gar nicht kündigen. Und ich habe auch nicht vor, bei Universum TV Sendungen zu machen.«

Stille. Ich hielt die Luft an. Dann hörte ich einen Knall und darauf ein unterdrücktes Wimmern. Vermutlich hatte Herr Schmidt zu heftig mit der Faust auf seine Schreibtischplatte gehauen.

Anrufer: »Was glauben Sie eigentlich, wer Sie sind? Denken Sie, wir lassen Sie zum Spaß in unser Studio kommen und machen teure Probeaufnahmen mit Ihnen? Wen wollen Sie hier eigentlich verarschen?«

Ich: »Herr Schmidt …«

Anrufer: »Wenn Sie meinen, Sie können mich für dumm verkaufen, dann sind Sie verdammt schief gewickelt. Seien Sie froh, dass Sie noch einen anderen Job haben, denn den bei uns und unserer Astro-Line haben Sie seit genau dieser Sekunde nicht mehr!«

Herr Schmidt schmiss den Hörer auf, und ich ließ seine letzten Worte einige Sekunden auf mich wirken. Dann lief ich zu meinem Computer, um mich in meinem Berater-Account einzuloggen. Mein Herz klopfte, während ich meinen Namen und das Passwort eingab. Und dann geschah … nichts.

Ich tippte noch einmal meinen Namen und das Passwort ein, vielleicht hatte ich mich in meiner Aufregung verschrieben. Wieder nichts. Ich klickte auf die Suchanfrage und gab meinen Beraternamen ein. Kein Ergebnis.

Langsam sickerte in meinem Gehirn die Erkenntnis durch, dass ich nicht mehr auf diesem Astro-Portal existierte. Herr Schmidt hatte mich mit einem einzigen Knopfdruck gelöscht, als hätte es mich nie gegeben.

Ich blieb noch eine Weile vor dem Computer sitzen und ließ das Gespräch gerade eben und die letzten fünf Jahre Revue passieren. Ich dachte zurück an all die verrückten Gespräche. An liebe und nervige Kunden und ihre Geschichten. Ich wurde sentimental. Ich dankte dem Universum, so viele Menschen auf einem Teil ihres Wegs begleitet haben zu dürfen, mit ihnen gelacht und geweint und dadurch so viel über das Leben gelernt zu haben.

Dann schnappte ich mir den Hörer und wählte die Rufnummer meiner guten Freundin Walli.

Ich: »Hallo Walli, hier ist Bianca. Ich habe Feierabend. Hast du Lust, shoppen zu gehen?«

NACHWORT

12. Juni 2012

Nur noch fünf Tage bis zur endgültigen Manuskriptabgabe.

Das Telefon klingelte. Ich hob ab. Am anderen Ende meldete sich eine Freundin von mir, der ich das Buch als Testleserin gegeben hatte.

»Ich habe das Buch jetzt durchgelesen.«

»Und? Wie fandest du es?«

»Total lustig! Ich habe die ganze Zeit laut ›Gibt's doch nicht!‹ gerufen. Warum hast du mir das alles nicht schon viel früher erzählt? Hätte ich nie gedacht, dass man solche Sachen erlebt, wenn man als Kartenleger arbeitet.«

»Das und noch viel mehr. Vielleicht schreibe ich ja sogar ein zweites Buch.«

»Klar, aber bevor du das machst, schreib lieber mal ein Nachwort. Das fehlt irgendwie.«

»Wie? Nachwort?«

»Na, so was wie ein Resümee deiner Zeit als Kartenlegerin aus der heutigen Perspektive. Irgendwie so was. Ein paar persönliche Worte an die Leser eben.«

»Ach, so was meinst du. Okay, das kann ich machen. Dann lass uns mal auflegen, ich muss ja jetzt was schreiben.«

Nun sitze ich vor meinem Laptop und überlege, was noch zu sagen bleibt. Vielleicht fange ich damit an, dass

225

ich es bis heute weder bereut habe, einen Kartenlegekurs belegt noch ein paar Jahre auf einer Astro-Line gearbeitet zu haben.

Falls Sie sich über Schilderungen meiner zum größten Teil sehr irren Kundengespräche gewundert haben und sich nun fragen, ob denn wirklich alle Anrufer derart durchgeknallt waren, so kann ich Sie beruhigen: Ich versichere Ihnen, dass es auch viele nette und sympathische Kunden gab, mit denen ich völlig normale Beratungsgespräche geführt habe und die sich stets sehr freundlich am Telefon verhalten haben. Doch wäre es für Sie vermutlich äußerst langweilig und uninteressant gewesen, über solche Gespräche zu lesen. Ich wollte Sie mit »das Beste aus Absurdistan« unterhalten, und dazu gehören natürlich skurrile und nicht alltägliche Geschichten, außergewöhnliche Situationen, die mir in Erinnerung geblieben sind und es wohl auch immer bleiben werden.

Was ich Ihnen garantieren kann: Ich habe meine Arbeit als Kartenlegerin bis zum Schluss wirklich gerne gemacht, trotz der teilweise merkwürdigen Anrufer, der gewöhnungsbedürftigen Kollegen und der fragwürdigen Astro-Line-Politik.

Nach meinem »unfreiwilligen«, aber offensichtlich überfälligen Rauswurf beim Eso-Portal habe ich meine Karten übrigens in die hinterste Ecke meiner Wohnung gepackt und nicht mehr angerührt. Erst als ich mit der Arbeit an dem Buch begonnen habe, habe ich sie wieder hervorgeholt und für mich ein Kartenbild gelegt, um zu testen, ob ich es denn überhaupt noch kann. Nun ja, zum Glück scheint es sich beim Kartenlegen ähnlich zu verhalten wie beim Fahrradfahren: Das verlernt man nie. Jedenfalls hat es funktioniert, und die Dinge, die ich aus den Karten herauslesen konnte, haben auf meine vergangene und gegenwärtige Situation gepasst. Was mich zu der bei Ihnen vermutlich auf der Seele brennenden Frage bringt: Kann man die Zukunft wirklich in den Karten sehen? Oder ist das doch nur Quatsch? Nein, man kann DIE Zukunft nicht aus den Karten lesen. DIE Zukunft oder eine Garantie für DIE Zukunft, die uns die Karten zeigen, gibt es nämlich nicht. Sollten konkrete Prognosen eintreffen, ist dies eher dem Zufall zuzuschreiben oder einer vorausgegangenen Beeinflussung des Ratsuchenden als der Verlässlichkeit der Karten. Ein Kartenleger sieht nur mögliche Tendenzen, die keineswegs eintreffen müssen. Die Zukunft eines jeden von uns sollte unbedingt als veränderbar angesehen werden. Jeder Mensch ist für die Entwicklung seines Lebens selbst verantwortlich. Die besten Tendenzen nutzen also nichts, wenn Sie eine »falsche Entscheidung« treffen, die Sie auf einen anderen Weg führt und damit weg von den vormals gültigen Tendenzen. Und da wir täglich unheimlich viele Entscheidungen treffen, die alle Auswirkungen auf zukünftige Ereignisse haben können, ist es müßig, sich die Karten legen zu lassen, wenn man eine verbindliche Aussage über die Zukunft erwartet.

Wofür man Orakelkarten allerdings sehr gut nutzen kann, ist, einen Blick auf die Vergangenheit oder gegenwärtige Situation zu werfen. Nur, kennen wir die nicht selbst am besten? Und muss man dafür unbedingt eine Menge Geld bei einer Astro-Hotline ausgeben? Ich glaube nein. Da wäre das Geld vermutlich besser in einem Kinobesuch oder einem Essen beim Italiener angelegt.

Natürlich haben mich damals auch viele Anrufe von

absolut verzweifelten Menschen erreicht, deren Probleme so schwierig waren, dass ihnen kein Hellseher oder Kartenleger der Welt hätte gerecht werden können. All diesen Menschen sei an dieser Stelle dringend empfohlen, sich an eine fachkundige Adresse zu wenden, sei es der Weiße Ring, ein professioneller Therapeut oder auch die Telefonseelsorge. An jeder dieser Stellen werden ihre Probleme in besseren Händen sein.

Das Telefon klingelte schon wieder.

Ausgerechnet jetzt.

»Hallo, ich bin's noch mal, deine Testleserin. Ich hoffe, ich habe dich jetzt nicht beim Nachwort gestört.«

»Äh, doch. Ich war gerade mittendrin.«

»Na ja, so schlimm wird's nicht sein. Ich habe da nämlich noch eine Idee.«

»Okay. Welche denn?«

»Du hast dir doch bei Facebook ein Profil angelegt. Meinst du nicht, dass es cool wäre, wenn du das in dein Nachwort packst? Dann könnten dir deine Leser auf Facebook schreiben.«

»Ja, könnten sie und kann ich gerne machen. Meinst du denn, das interessiert die überhaupt?«

»Na klar! Wenn ich dich nicht kennen würde und das Buch gelesen hätte, dann würde ich Bianca Wagner gerne mal was schreiben.«

»Gut. Ich packe die Adresse ins Nachwort. Aber jetzt muss ich wirklich weiterschreiben.«

Ich legte auf und zog vorsichtshalber den Stöpsel meines Telefons heraus, was mich unweigerlich an meine Anfangszeiten als Kartenlegerin erinnerte. Jetzt konnte anrufen, wer will, ich war offline.

Sollten Sie also demnächst die unendlichen Welten des Internets unsicher machen, würde ich mich freuen, wenn Sie meiner Facebook-Seite unter »Bianca Wagner« einen Besuch abstatten.

Zu guter Letzt möchte ich es aber nicht versäumen, mich bei Ihnen zu bedanken, dass Sie mich auf dieser Reise in die wunderbare Welt der Astro-Hotlines begleitet haben, und ich möchte mit einem Zitat von Antoine de Saint-Exupéry schließen:

Die Zukunft soll man nicht voraussehen wollen, sondern möglich machen.

In diesem Sinne, alles Liebe!

Ihre Bianca Wagner

ANHANG

Tipps für Astro-Kunden

Ich werde häufig gefragt, ob ich vielleicht ein paar Tipps geben könnte, woran man gute Berater erkennt. Wie stellt man fest, ob der jeweilige Kartenleger, Hellseher oder Astrologe sein Handwerk versteht? Und wo findet man überhaupt gute Berater?

Ehrlich gesagt verhält es sich damit ähnlich wie bei der Suche nach der berühmten Stecknadel im Heuhaufen. Es gehört schon eine gewisse Portion Glück dazu, einen vertrauenswürdigen Lebensberater zu entdecken. Sicherlich bin ich nach meinen Jahren auf der Astro-Line zu einer Expertin geworden, wenn es darum geht, die Spreu vom Weizen zu trennen, doch eine Garantie gibt es nie.

Nach dieser Vorwarnung hier nun trotzdem einige Punkte, die bei der Suche nach seriösen Beratern helfen können:

1. Ein seriöser Berater verkauft Ihnen keine Rituale wie Liebeszauber, Partnerrückführungen, Wunschbestellungen und sonstigen Schnickschnack. Denn: Es gibt KEINE Zauberei! Auch dann nicht, wenn Sie dafür Geld bezahlen.

2. Verantwortungsvolle Zukunftsdeuter weisen darauf hin, dass die Zukunft trotz Prognosen wandelbar ist,

und der Ratsuchende zu jeder Zeit den Erfolg und Misserfolg in seinem Leben selbst in der Hand hat.

3. Achten Sie besonders darauf, wie der Berater sich selbst präsentiert. Hält er sein Wort für das Gesetz Gottes? Verspricht er ein hundertprozentiges Eintreffen seiner Vorhersagen? Macht er den Menschen Hoffnungen auf Lottogewinne und glückliche Partnerschaften, und bietet er womöglich die Befreiung von schwarzer Magie an? In diesen Fällen gilt nur eins: Finger weg! Wir alle hätten gerne einen Garantieschein für ein fantastisches Leben, doch den gibt es trotz der Beteuerungen des Beraters NICHT.

4. Stimmt die Chemie zwischen dem Lebensberater und Ihnen? Haben Sie das Gefühl, dass er Ihnen gegenüber aufrichtig ist und Ihnen nicht nur nach dem Mund redet? Redet er sachlich, oder driftet er in pseudoreligiöse Phrasen ab?

Und hier ein paar Warnsignale dafür, wann Sie den Kontakt zu einem Kartenleger, Hellseher oder Astrologen auf jeden Fall abbrechen sollten:

Wenn …

- der Kartenleger Ihnen weismachen möchte, dass Sie mit schwarzer Magie oder einer schlimmen Krankheit belegt sind, und Sie sich zukünftig mehrmals die Woche mit ihm in Verbindung setzen müssen, damit er Sie davon befreien kann.
- er Ihnen erzählt, mittels Energiearbeit Blockaden auflösen zu können.

- Ihnen konkrete Zeitangaben gegeben werden, Sie gleichzeitig aber dazu aufgefordert werden, sich wieder bei dem Berater zu melden, falls diese Angaben nicht stimmen sollten.
- Sie das Gefühl haben, der Lebensberater rät einfach munter drauflos und hat eigentlich keine Ahnung von der Materie.
- die Beratung Angstzustände und Panik in Ihnen hervorruft.
- Ihnen der Berater seine persönliche Lebensgeschichte erzählt, ohne seiner eigentlichen Aufgabe nachzukommen.
- eine Beratung den Stundenlohn eines Handwerkers übersteigt, beziehungsweise Sie sich die Beratung nicht leisten können.

KLEINES
ESOTERIK-LEXIKON

Astrologie: Sterndeuter lesen z. B. anhand von Sternen-konstellationen Ereignisse, Charaktereigenschaften und Schicksale ab und können Horoskope erstellen.

Aura (oder »Energiekörper«): Eine Ausstrahlung, die jeden Mensch und jedes Tier lichtkranzartig umgeben soll und von bestimmten Personen angeblich wahrgenommen wird.

Bachblüten: Extrakte aus Blüten, die durch ihre harmonisierende Wirkung auf geistiger und seelischer Ebene mutmaßlich Krankheiten heilen.

Channeling: Ein Begriff aus der New-Age-Bewegung, der die Fähigkeit eines Mediums beschreibt, Botschaften von Engeln, Geistern oder Verstorbenen zu empfangen.

Dualseele: Die Steigerungsform des »einfachen« Seelenpartners – zwei sich perfekt ergänzende feinstoffliche Hälften.

Engel-Reading: Mediale oder gechannelte Beratung mit einem Medium, das angeblich die Botschaften von Engeln empfangen werden.

Esoterik: Ein höheres Wissen über verschiedene spirituelle und okkulte Lehren, das nur einer begrenzten Anzahl von Personen bekannt ist.

Feinstofflichkeit: Bezeichnung für Astralleib oder Astralkörper, einer transparenten »Hülle«, die den Menschen umgibt und sogar den Tod überdauert.

Geist: Der menschliche Geist umfasst das Bewusstsein, den Verstand und die Seele, welche nicht an den leiblichen Körper gebunden ist.

HD: Der Begriff Herzensdame ist eine geläufige Bezeichnung für die Frau des Herzens.

HM: Ebenso ist der Begriff Herzensmann eine geläufige Bezeichnung für den Mann des Herzens.

Irdisch: Das »Diesseits«, in dem sich die Lebenden aufhalten.

Jenseits: Der Ort, an dem die Seelen der Verstorbenen leben.

Jenseitskontakt: Nachtodkontakt, bei dem begabte spiritistische Medien Informationen über verstorbene Personen erhalten, die sowohl deren jenseitiges Dasein als auch deren irdisches Dasein betreffen.

Kabbala: Eine mystische Tradition aus dem Judentum, die ihre Ursprünge in der Tora hat und sich mit der

Mystik im Christentum und der des Sufismus im Islam vergleichen lässt.

Karma: Eine spirituelle Lehre, die auf dem »Ursache und Wirkung«-Prinzip basiert, demgemäß jede Handlung eine Folge hat, welche nicht zwangsläufig im aktuellen Leben, sondern möglicherweise erst in einem der nächsten Leben der betreffenden Person zum Tragen kommt.

Kartenlegen: Eine Methode der Zukunftsdeutung mithilfe von Spielkarten (Lenormand-, Zigeuner-, Kipper-, Engels-, Mondorakel-, Tarot-Karten oder gewöhnlichen Skatkarten). Das Kartenblatt gibt Auskünfte über Situationen und Personen, ohne dass Vorabwissen über die betreffende Person benötigt wird.

Kipperkarten: Orakelkarten, die von der Wahrsagerin Susanne Kipper Ende des 19. Jahrhunderts entworfen wurden. Das Kartenspiel besteht aus 36 nummerierten Karten, die jeweils eine Person oder eine Situation abbilden.

(Spirituelle) Lebenshilfe: Esoterische Lebenshilfe wird von Astro-Portalen kostenpflichtig als Dienstleistung angeboten. Als gängigste Beratungsmethoden gelten Hellsehen, Kartenlegen, Channeling und Astrologie.

Lenormand-Karten: Wahrsagekarten, benannt nach Marie Anne Adeláide Lenormand. Das gängige Lenormand-Deck besteht aus 36 Karten mit Motiven im Biedermeier-Stil des frühen 19. Jahrhunderts. Neben dem

Tarot sind die Lenormand-Karten die beliebtesten Orakelkarten für Zukunftsprognosen.

Liebeszauber: Angebliche Verhexung des Wunschpartners oder Herbeirufung des unbekannten Seelenpartners mit dem Ziel einer dauerhaften Partnerschaft.

Magie: Beeinflussung von Menschen, Ereignissen und Dingen durch Rituale und Beschwörungsformeln.

Medium: Bezeichnung für eine Person, die Kontakte zu jenseitigen Geistern herstellt und ihre Botschaften ins Diesseits überträgt.

Nahtoderfahrung: Erlebnisse an der Grenze zwischen Leben und Tod.

Ouija: Das Hexenbrett (auch als Witchboard, Talking Board, Seelenschreiber, Alphabet-Tafel bekannt) dient als Hilfsmittel, um Geister und Verstorbene anzurufen.

(Siderisches) Pendel: Eine zirka 20 Zentimeter lange Schnur mit einem kegelförmigen Anhänger aus Metall. Das Pendel gibt dem Fragenden mittels kreisender oder hin- und herpendelnder Bewegungen eine positive oder negative Antwort.

Prana: Bedeutet im Hinduismus Leben, Lebenskraft oder Lebensenergie. Manche glauben, Prana könne als eine Art »Lichtnahrung« die gewöhnliche »feste« Nahrung ersetzen.

Reiki: Eine Praktik, deren Wirksamkeit nicht wissenschaftlich belegt ist. Durch Handauflegen einer entsprechend geschulten Person werden Heilenergien durch den Körper des Patienten geschickt, die angeblich die körpereigenen Heilkräfte aktivieren und damit das körperliche und seelische Gleichgewicht herstellen können.

Reinkarnation: Die Vorstellung, dass eine Seele unsterblich ist und nach dem Tod in einem neuen Körper »wiedergeboren« wird.

Schicksal: Eine Art höhere Macht, welche das Leben der Menschen entscheidend beeinflusst.

Seelenpartner: Zwei Menschen, die seelisch miteinander verbunden sind. Durch viele gemeinsame vorherige Leben soll zwischen den sogenannten Seelenpartnern ein rational nicht erklärbares Gefühl von Vertrautheit und Nähe bestehen.

Tarot: Ein Kartenspiel, das aus 78 Karten mit symbolischen oder allegorischen Darstellungen besteht. Mehr als hundert verschiedene Tarot-Kartensets sind käuflich erwerbbar, ergänzt durch passende Bücher und Legekurse, die die Tarotdeutung erklären.

Traumdeutung: Interpretation der Bilder, Symbole, Handlungen und Gefühle, die in einem Traum auftauchen.

Universum: Die Gesamtheit aller Dinge – durch Energie soll alles miteinander verbunden sein und in einem Netz von Ähnlichkeiten und Entsprechungen zusammenhängen.

Wahrsagen: Das Vorhersagen zukünftiger Ereignisse.

Zahlensymbolik: Die Deutung von Zahlen und Zahlenverhältnissen. Die sogenannte Numerologie ist in vielen Kulturen und Religionen weltweit zu finden.

»Schockierende Erlebnisse von der Bildungsfront aus erster Hand.«

Stefan Aust

Philipp Möller
ISCH GEH SCHULHOF
Unerhörtes aus dem
Alltag eines
Grundschullehrers
368 Seiten
ISBN 978-3-404-60696-2

Heute ist Klassenausflug. Bowlen – damit die Kinder sich endlich mal so richtig austoben können. Als ich den Klassenraum betrete, stürmen die ersten schon auf mich zu.

»Herr Mülla, iebergeil!«, ruft Ümit. »Isch mache Strike, ja? Schwöre, schmache eine Strike!« Mit wilden Bowling-Trockenübungen steht er vor mir. Wenn er nachher tatsächlich so bowlt, nehme ich mir besser einen Helm mit.

Aushilfslehrer? Ein lockerer Job, denkt Philipp Möller – bis zur ersten Stunde in seiner neuen Klasse: Musikstunden erinnern an DSDS, hyperaktive Kids flippen ohne ihre Tabletten aus und zum Frühstück gibt es Fastfood vom Vortag. Möllers Geschichten aus dem deutschen Bildungschaos sind brisant und berührend, und dabei urkomisch.

Bastei Lübbe Taschenbuch